VORWORT

Durch meine Reisen und meine Begegnungen, oft bei einem Bier, ist mir klar geworden, dass die Rugbyregeln unaufhörlich diskutiert, vielfach interpretiert und sogar verändert wurden.

Sicher haben diese Diskussionen immer wieder zu herzhaftem Gelächter geführt, was wiederum schöne Anekdoten lieferte, die sich mitten in der Nacht entfalteten.

Aber ich erinnere mich auch an heftige Konflikte mit einigen Spielern oder Trainern über die Anwendung einer Regel in Bezug auf eine Spielsituation. Manchmal hatten sie recht – manchmal unrecht …

Mithilfe dieses Werkes – begleitet von den Helden der französischen Comicserie *Les Rugbymen*, die von den Abenteuern des Rugbyclubs XV in der fiktiven, im Südwesten Frankreichs angesiedelten Stadt Paillar erzählt – laden wir Sie dazu ein, die Regeln dieses faszinierenden Spiels auf eine humorvolle Art und Weise kennenzulernen – oder auch nochmal neu kennenzulernen –, damit die leidenschaftlichen Debatten nie aufhören …

Joël JUTGE

Ehemaliger Schiedsrichter auf internationalem Niveau, tätig innerhalb der französischen Rugbynationalmannschaften und General Manager der World-Rugby-Schiedsrichter. Aktuell verantwortlich für die Schiedsrichtertätigkeiten der Europapokale.

INHALT

1 SPIELFELD, SPIELER UND EINORDNUNG DES SPORTS 7

Spielfeld und Linien ... 8
Material ... 12
Die Spieler, ihre Positionen und das Ziel des Spiels ... 14
Stürmer ... 16
Halbspieler ... 18
Hintermannschaft ... 19
Trainer und Training ... 20
Schiedsrichter ... 23
Fans ... 26

2 DAS SPIEL ... 27

Prinzip des Spiels ... 28
Spielbeginn ... 30
Pässe und Vorpässe ... 33
Verschiedene Passarten mit der Hand ... 34
Tackle ... 38
Kicken ... 40
Versuch und Malfeld ... 42
Erhöhung eines Versuchs ... 44
Straftritt, Freitritt, Sprungtritt ... 46
22-Meter-Antritt ... 49
Marke ... 50
Unfaires Spiel ... 51
Auswechslungen ... 53
Halbzeitpause ... 55
Ende des Spiels ... 57

BEKA & POUPARD

RUGBY

GRUNDLAGEN • SPIELIDEE • REGELN
RUGBY WELTWEIT

Unter Mitarbeit des
WM-Schiedsrichters
Joël Jutge

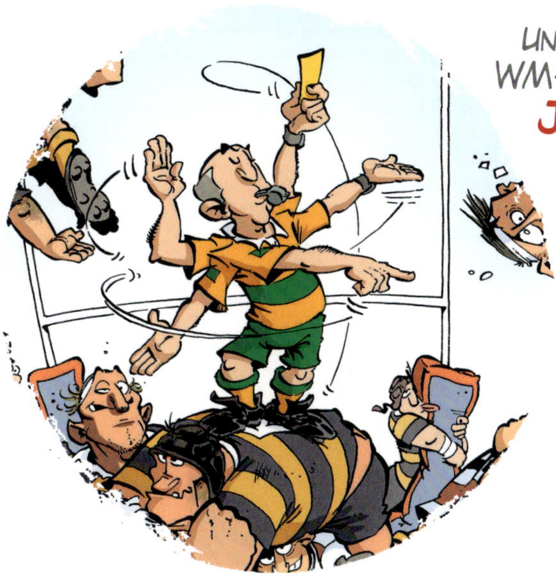

COPRESS

Unser Dank

geht an Hugues Capdeville, »den Ingenieur«, für seine wertvolle Hilfe, seine Hinweise und seinen Rat während der Erstellung dieses Buches; an Didier Sanchez, der die Umsetzung dieses Projektes überhaupt erst ermöglicht hat, und an Pascal Araud für sein sorgfältiges Lektorat.

Die Autoren

3 BESONDERE SPIELSITUATIONEN 59

Gedränge 60
Offenes Gedränge (oder: Ruck) 70
Paket 72
Seitenaus und Gasse 74
Abseits 81
Vorteilsregel 84

4 EIN WENIG STRATEGIE 85

Verteidigungsstrategien 86
Angriffsstrategien 89

5 DAS RUGBYUNIVERSUM 93

Verschiedene Rugbyspielweisen 94
Die große Rugbyfamilie 97
Rugby in Deutschland 98
Die großen Rugbynationen 101
Wo in der Welt wird Rugby gespielt 104
Die Embleme der bedeutendsten Teams 106
Die großen internationalen Wettbewerbe 108

BONUSMATERIAL: DIE SIGNALE DES SCHIEDSRICHTERS 111

REGISTER 121

1

Spielfeld, Spieler und Einordnung des Sports

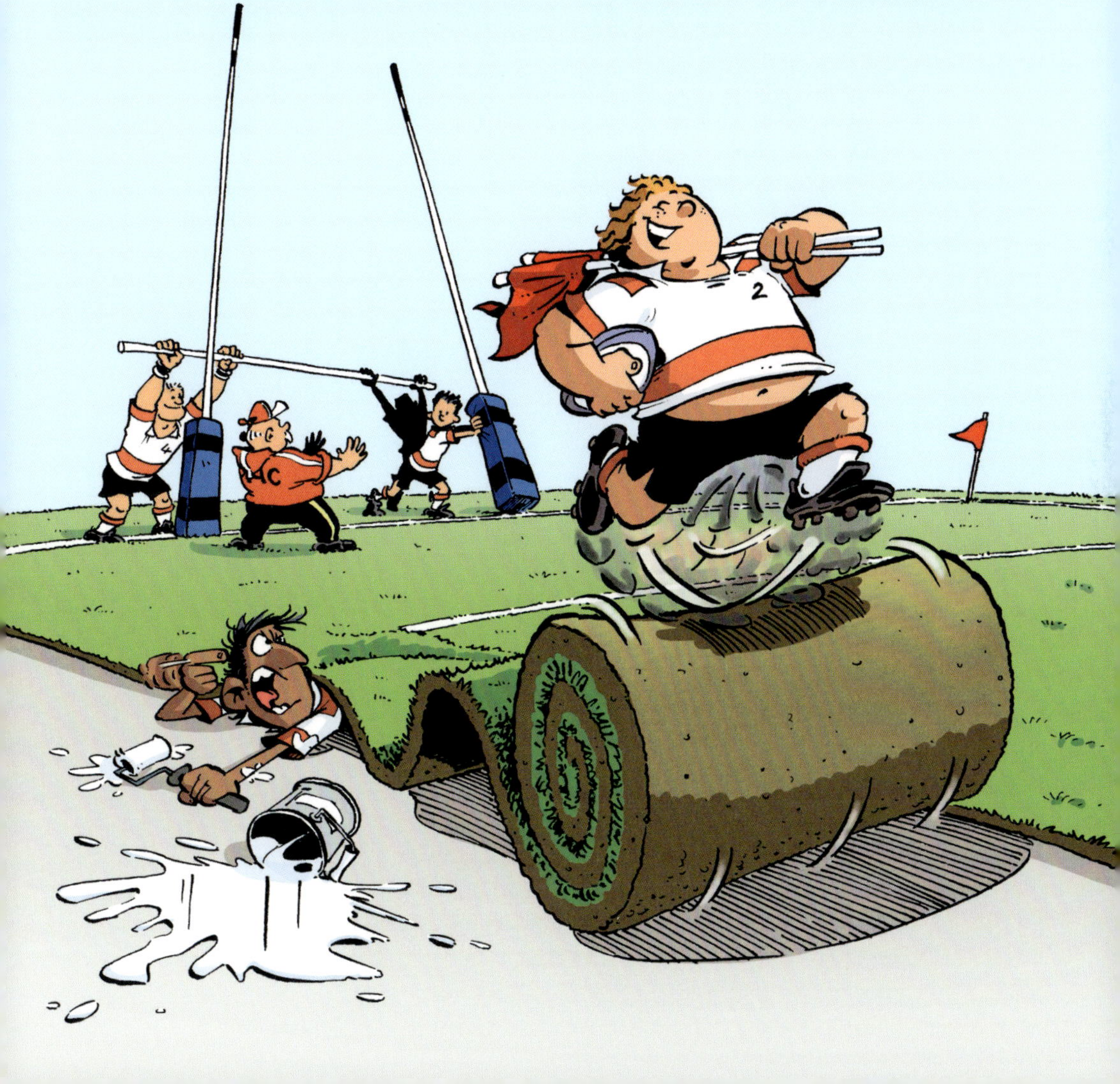

SPIELFELD UND LINIEN

Überlassen wir es Platzwart Andrew, das Spielfeld vorzustellen. Er kennt sich gut damit aus, da er ja oft den Rasen mäht ...

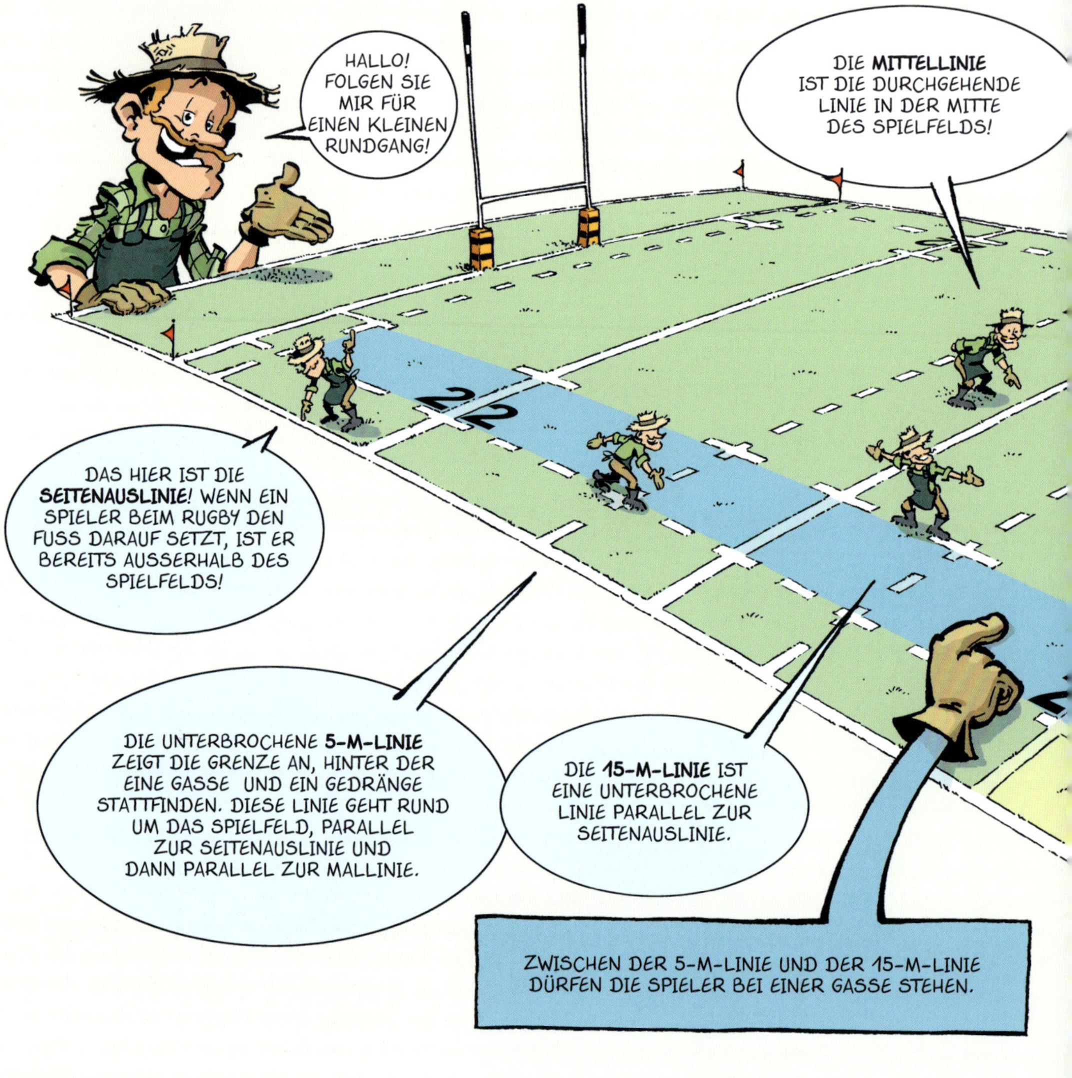

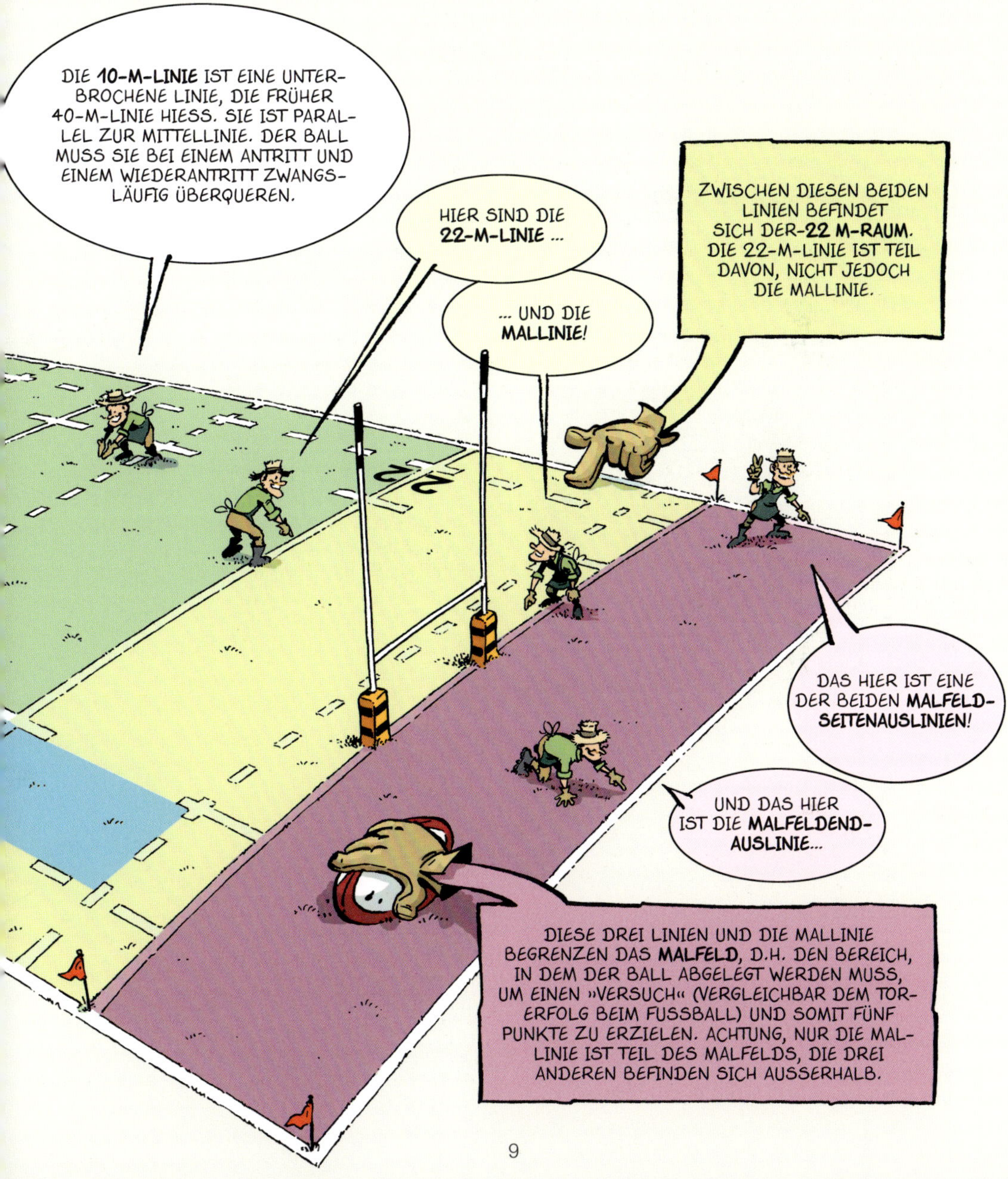
DIE **10-M-LINIE** IST EINE UNTERBROCHENE LINIE, DIE FRÜHER 40-M-LINIE HIESS. SIE IST PARALLEL ZUR MITTELLINIE. DER BALL MUSS SIE BEI EINEM ANTRITT UND EINEM WIEDERANTRITT ZWANGSLÄUFIG ÜBERQUEREN.
HIER SIND DIE **22-M-LINIE** ...
... UND DIE **MALLINIE**!
ZWISCHEN DIESEN BEIDEN LINIEN BEFINDET SICH DER **22 M-RAUM**. DIE 22-M-LINIE IST TEIL DAVON, NICHT JEDOCH DIE MALLINIE.
22
DAS HIER IST EINE DER BEIDEN **MALFELD-SEITENAUSLINIEN**!
UND DAS HIER IST DIE **MALFELDEND-AUSLINIE**...
DIESE DREI LINIEN UND DIE MALLINIE BEGRENZEN DAS **MALFELD**, D.H. DEN BEREICH, IN DEM DER BALL ABGELEGT WERDEN MUSS, UM EINEN »VERSUCH« (VERGLEICHBAR DEM TORERFOLG BEIM FUSSBALL) UND SOMIT FÜNF PUNKTE ZU ERZIELEN. ACHTUNG, NUR DIE MALLINIE IST TEIL DES MALFELDS, DIE DREI ANDEREN BEFINDEN SICH AUSSERHALB.

Was nennt man Spielfeld?

Das ist der Bereich des Platzes, der durch die Mallinien und die Seitenauslinien begrenzt wird. Achtung, diese Linien sind aber nicht Teil des Spielfelds. Wenn ein Spieler darauf tritt, befindet er sich bereits außerhalb des Spielfelds.

Was nennt man Spielbereich?

Dabei handelt es sich um das Spielfeld, zu dem noch die Malfelder hinzugefügt werden, d.h. die beiden Bereiche, in die der Ball gelegt werden muss, um einen Versuch zu erzielen.

Was steht im Regelwerk über die benötigten Abmessungen eines Rugbyplatzes?

Das Spielfeld soll nicht länger als 100 m und nicht breiter als 70 m sein. Die Malfelder sollen nicht tiefer als 22 m und die Spielfläche nicht breiter als 70 m sein. Der Abstand von der Mallinie zur Malfeld-Endauslinie sollte, wo möglich, nicht kleiner als 10 m sein. Bei internationalen Spielen müssen die Maße so nahe wie möglich an den Maximalmaßen liegen. Verbände, die davon abweichen möchten, benötigen die Zustimmung des Weltverbands (World Rugby, WR).

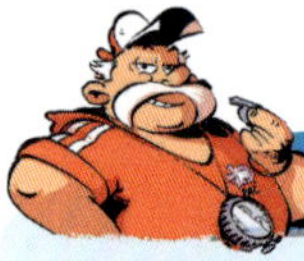

Anekdote

In Schottland findet man gelegentlich Plätze mit sehr hohem Gras. Diese werden nicht gemäht, um zu verhindern, dass die häufigen Regenfälle sie zu matschig und somit unbespielbar machen. Es kann auch Sand darauf verteilt werden, um die überschüssige Feuchtigkeit aufzusaugen. Zum Glück gibt es vor Ort viele Pubs, um diese eher schwierigen Spielbedingungen schnell wieder zu vergessen …

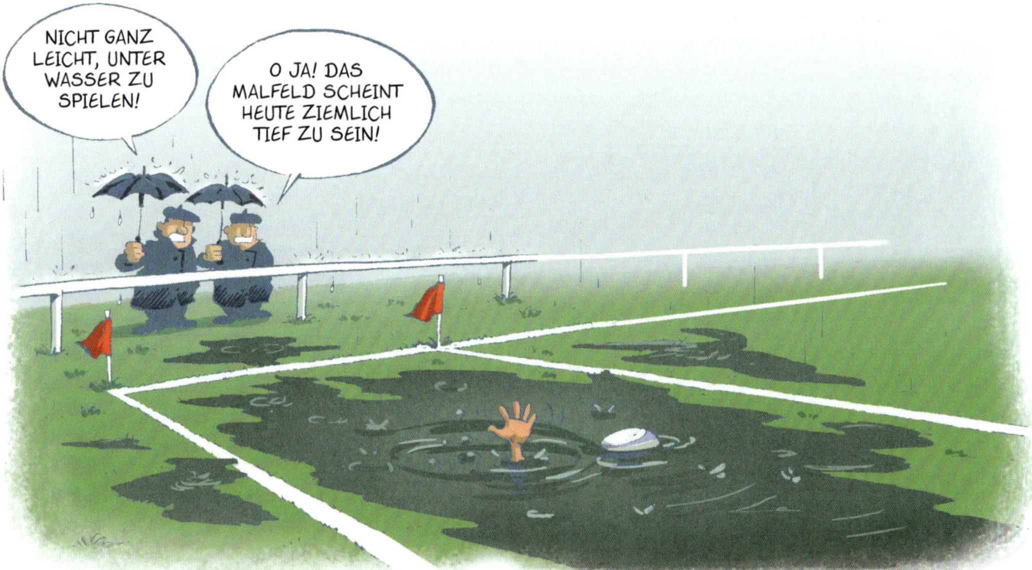

Hat ein Rugbyplatz die gleiche Größe wie ein Fußballplatz?

Nicht unbedingt – die Abmessungen des Fußballplatzes wurden nicht exakt definiert. Aber sie sind recht ähnlich (üblicherweise 105 m x 68 m). Deshalb können Rugbyspiele auch problemlos in Fußballstadien ausgetragen werden.

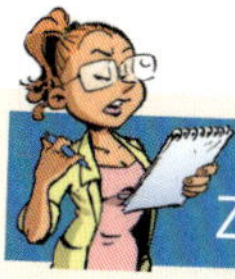

Zusatzinfo

Eckpfosten

Diese gehören sehr wohl zum Spielfeld. Das bedeutet, wenn ein Spieler mit dem Ball einen Eckpfosten berührt (oder die Fahne daran), geht das Spiel normalerweise weiter (vorausgesetzt natürlich, dass dieser Spieler nicht selbst außerhalb des Spielfelds, d.h. im Seitenaus, ist). Das Spiel geht ebenfalls weiter, wenn der Ball in der Folge eines Kicks den Eckpfosten berührt, ohne den Spielbereich zu verlassen (auch wenn der Ball dadurch in das Malfeld eintritt).

Kann Rugby auch auf anderen Untergründen als auf Gras gespielt werden?

Ja, auf Sand, Lehm, Schnee oder Kunstrasen. Das Wichtigste ist, dass es ein ungefährlicher Untergrund zum Rugby spielen ist.

Welche Abmessungen haben die Malstangen?

Sie müssen mindestens 3,40 m hoch sein, können aber auch höher sein. Die von Stade Toulousain sind zum Beispiel 8 m hoch.

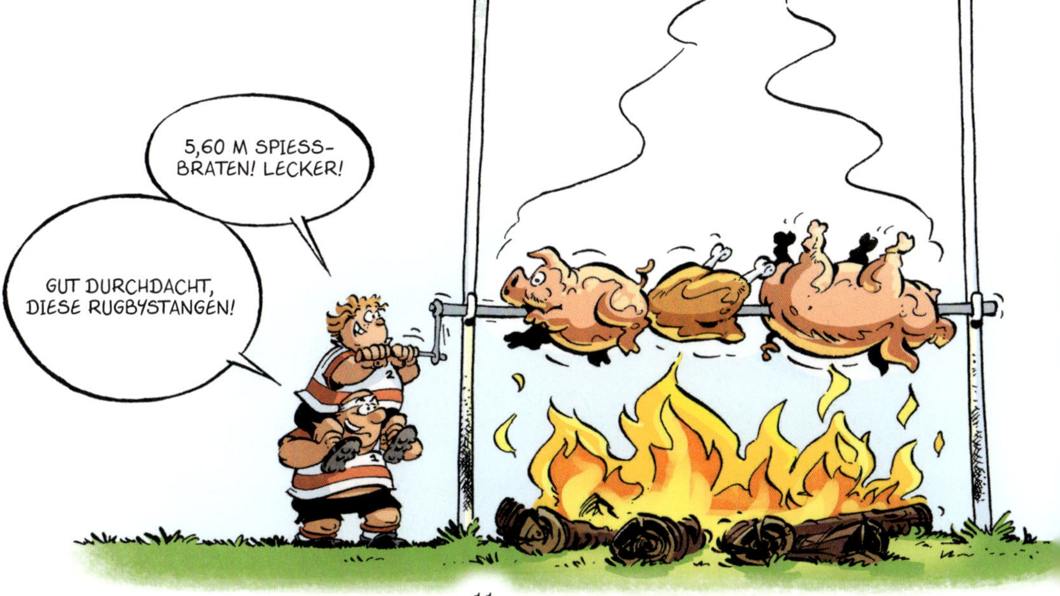

MATERIAL

Warum ist der Ball oval?

Die allerersten Bälle bestanden aus Schweineblasen, die mit vier Lederstücken verstärkt wurden. Es ist daher wahrscheinlich, dass sich die Blasen durch das ständige Halten, Werfen, Zusammendrücken und Zerquetschen der Spieler zu einer ovalen Form verformt haben. Heutzutage ist der Ball somit oval und wird meist aus Kunststoff gefertigt. Er ist ca. 30 cm lang und wiegt zwischen 410 und 460 g.

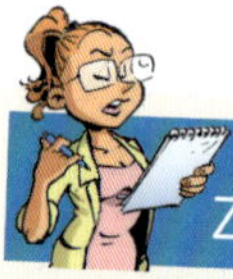

Zusatzinfo

Was ist World Rugby?

World Rugby ist der Weltverband für Rugby Union und 7er-Rugby. Bis 2014 hieß er International Rugby Board (IRB). Ursprünglich wurde er von England, Schottland, Irland und Wales gegründet; heute zählt der Verband 102 Mitglieder (und 18 assoziierte Mitglieder). Seine Aufgabe ist es, die Regeln des Spiels festzulegen und die großen Wettbewerbe zu organisieren.

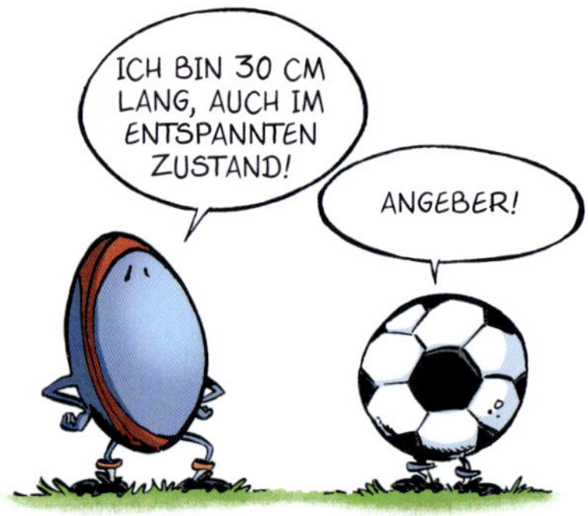

Welche Ausrüstung benötigt man zum Rugbyspielen?

In erster Linie braucht man Shorts, ein Trikot, ein Paar Kniestrümpfe und Stollenschuhe (auch eine Unterhose wäre ratsam). Doch die Spieler fügen bei Bedarf auch noch eine Schutzausrüstung hinzu: Kopfschutz, Mundschutz, Schulterschutz, Handschuhe, Tiefschutz, Schienbeinschoner … Um auf dem Platz zugelassen zu sein, muss jedes Ausrüstungsteil vom Weltverband (WR) genehmigt werden.

Gibt es Teile der Ausrüstung oder der Schutzkleidung, die auf dem Platz verboten sind?

Man darf nicht mit einem blutüberströmten Ausrüstungsteil spielen. Wenn dies während des Spiels vorkommt, muss der Spieler zwingend den Platz verlassen. Zudem ist jegliche Ausrüstung mit scharfen oder scheuernden Kanten verboten. Das Gleiche gilt für Schmuck wie Ringe oder Ohrringe, von Piercings ganz zu schweigen. Auch Schuhe mit einem einzelnen Stollen vorne oder hinten sind nicht zulässig.

Warum tragen Rugbyspieler heute enge Synthetikhemden?

Synthetikgewebe saugt sich nicht mit Feuchtigkeit voll, wird bei Regenwetter also weniger schwer. Der körpernahe Schnitt (abgesehen davon, dass er auch weibliche Fans in die Stadien lockt) bietet dem Gegner weniger Angriffsfläche, wenn er einen Spieler festhalten will, um ihn zu tackeln.

Tragen alle Spieler die gleichen Schuhe?

Ja, heutzutage spielen alle mit den gleichen Schuhen. Aber noch vor einigen Jahren trugen die Stürmer knöchelhohe Schuhe, während die Spieler der Hintermannschaft lieber niedrige (und ästhetischere) Schuhe trugen.

Gibt es unterschiedliche Arten von Stollen?

Die Stollen können in die Schuhe geschraubt (also ausgetauscht) werden oder sind direkt in die Sohle geformt (Nocken). Wenn der Platz trocken ist, bieten Nocken mehr Flexibilität und sind dadurch angenehmer für die Füße und die Knöchel der Spieler. Achtung: Schuhe mit Nocken sind nicht zugelassen, wenn sie scharfe Kanten enthalten! Die Länge von Schraubstollen unterliegt der Wahl der Spieler je nach Wetter oder Beschaffenheit des Platzes. In jedem Fall müssen die Stollen die vom Weltverband (WR) festgelegten Kriterien einhalten: Basis mindestens 20 mm, Länge max. 21 mm, Breite am oberen Ende min. 10 mm.

Tragen die Spieler während des Spiels einen Talisman?

Früher spielte der Aberglaube eine wichtige Rolle bei den Spielern. Zum Beispiel hatten einige die Gewohnheit, bestimmte Bereiche ihrer Körper einzubandagieren, und zwar eher aus rituellen Gründen als zur Vorbeugung von Verletzungen. Mit dem Profitum haben sich solche Verhaltensweisen etwas verändert, sie bestehen aber noch immer. Es ist beispielsweise noch gar nicht lange her, da haben die Spieler einer der erfolgreichsten französischen Mannschaften ein Spiel mit einem Bild der Jungfrau Maria in den Strümpfen ausgetragen.

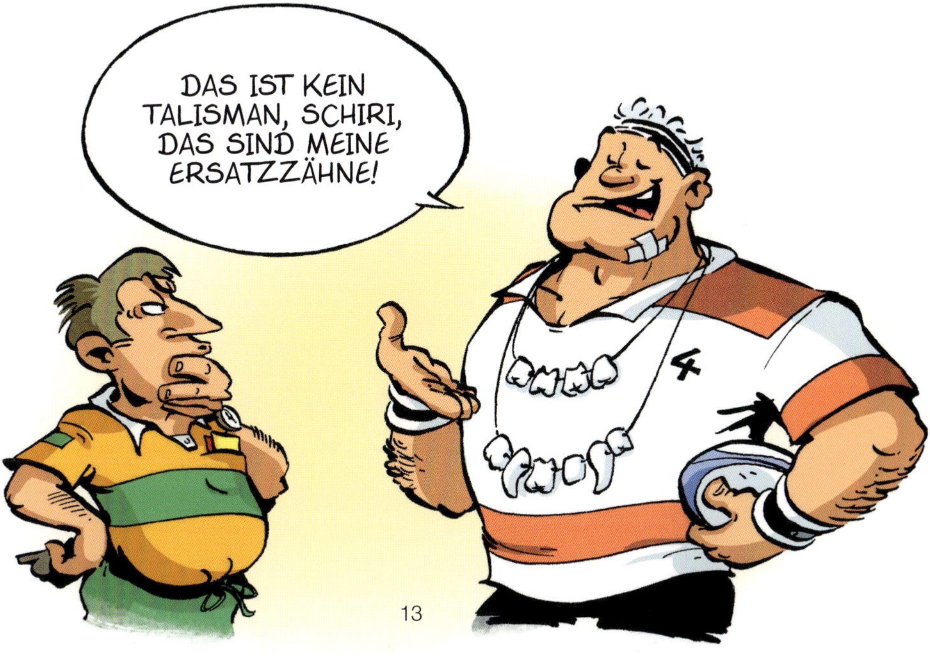

DIE SPIELER, IHRE POSITIONEN UND DAS ZIEL DES SPIELS

Eine Rugby-Union-Mannschaft besteht aus 15 Spielern und (bei internationalen Spielen bis zu) 8 Auswechselspielern. Jeder Spieler trägt eine Nummer, die einer fest definierten Position entspricht. Jede Position erfordert unterschiedliche physische und technische Voraussetzungen. Ziel des Spiels ist es, den Ball über die gegnerische Mallinie zu tragen und auf dem Boden abzulegen, um so Punkte zu erzielen. Erschwert wird das Ganze dadurch, dass der Ball niemals nach vorn geworfen werden darf. Raumgewinn ist also nur durch das Laufen mit dem Ball und durch das Kicken (Treten mit dem Fuss) desselben möglich.

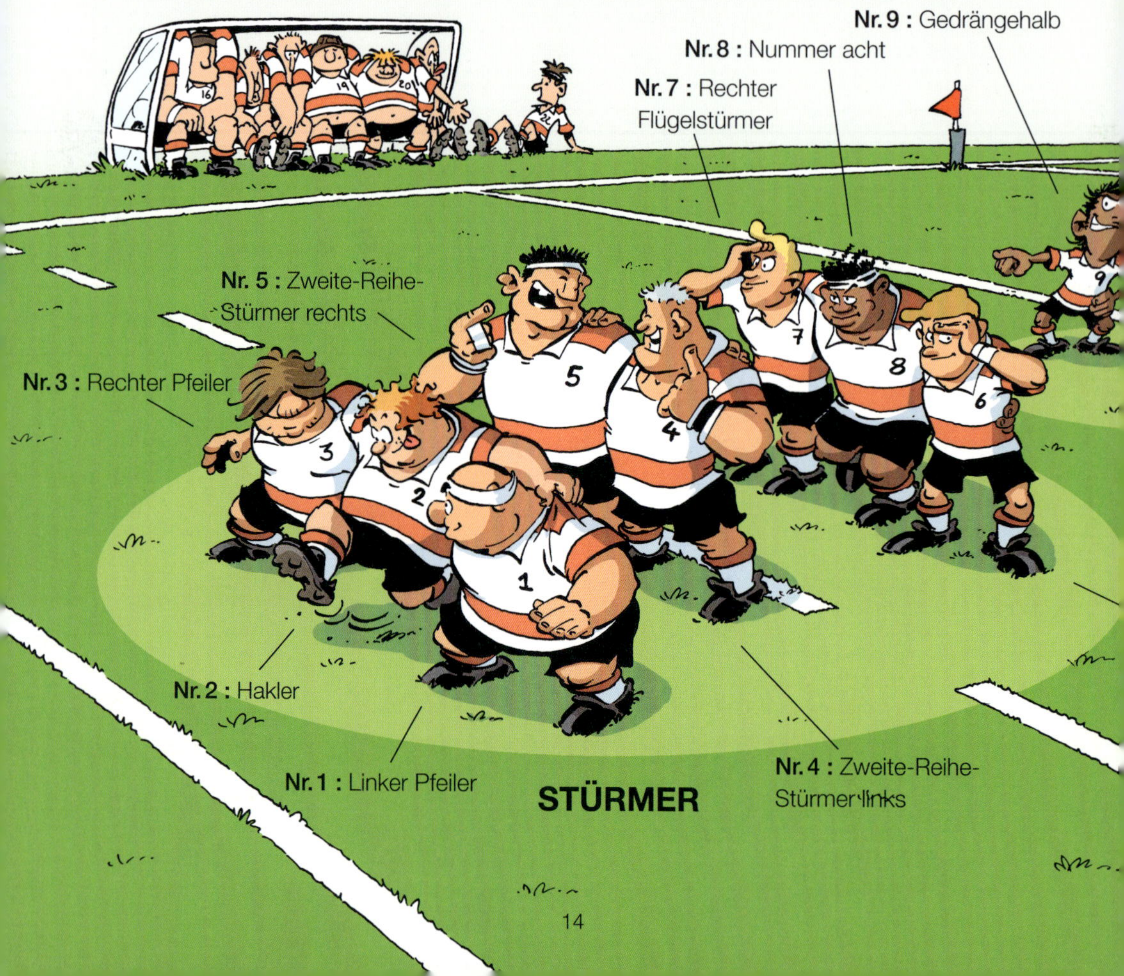

Zusatzinfo

Falls ein besonders schlaues Team zu viele Spieler auf dem Platz hat, muss der Schiedsrichter für die Wiederherstellung der korrekten Anzahl sorgen und einen Straftritt gegen das schuldige Team aussprechen. Der Spielstand zum Zeitpunkt der Beschwerde bleibt jedoch unverändert.

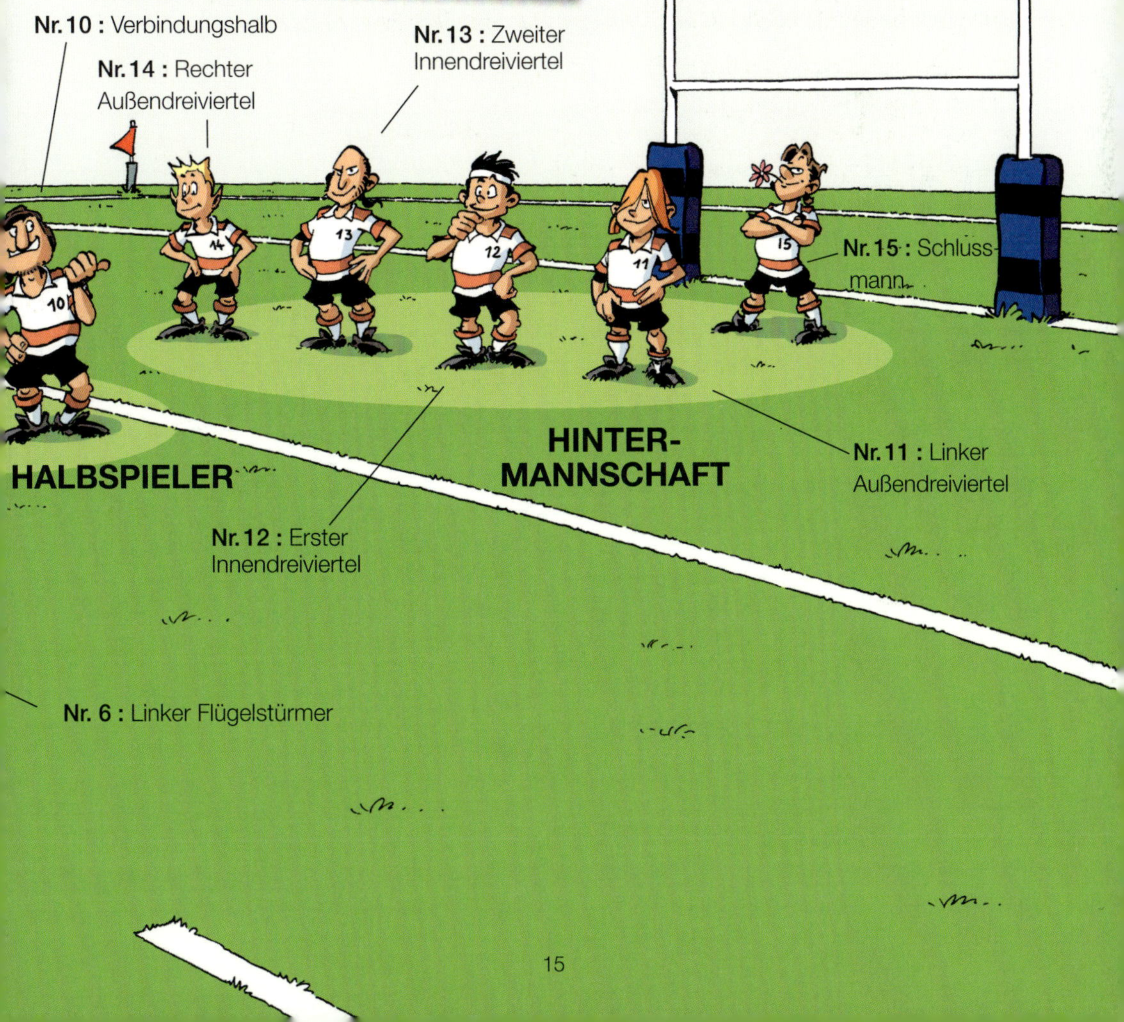

STÜRMER

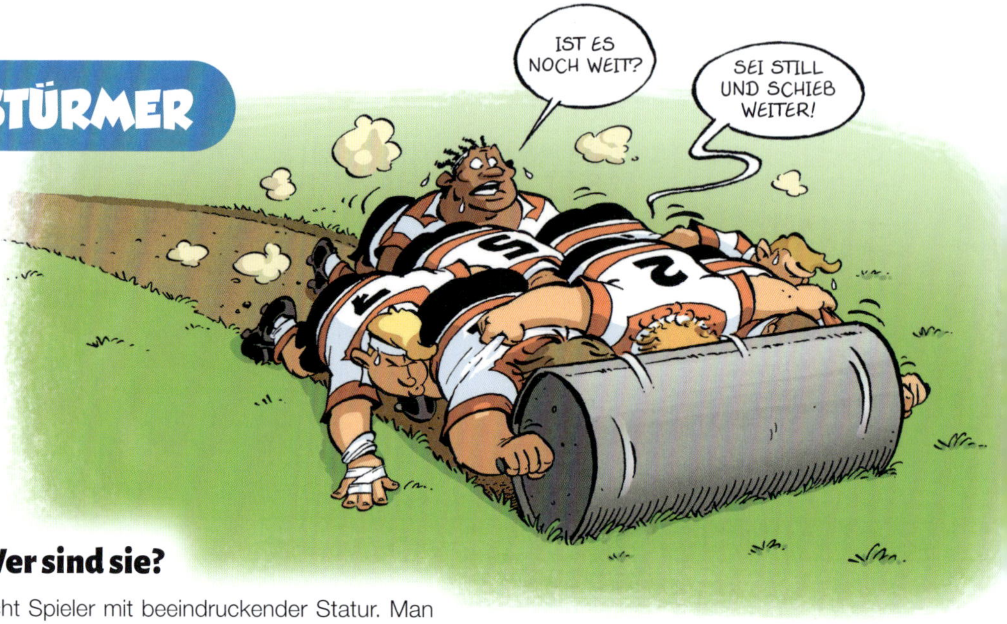

Wer sind sie?

Acht Spieler mit beeindruckender Statur. Man nennt sie auch »Sturm« oder »die acht Vorderen« bzw. »die schweren Jungs«. Die Stürmergruppe besteht zunächst aus drei Erste-Reihe-Spielern: den zwei Pfeilern (Nr. 1 und 3) sowie dem Hakler (Nr. 2). Es schließen sich die zwei Spieler der zweiten Reihe an (Nr. 4 und 5) sowie drei Spieler der dritten Reihe (Nr. 6, 7, 8).

Was ist ihre Aufgabe?

Sie sind für den Ballgewinn zuständig und zeigen sich vor allem in der Gasse und im Gedränge. Aufgrund dieser groben, schwierigen und teilweise unschönen Aufgabe vergleicht man sie auch gern mit Bergmännern.

Was macht die Erste Reihe?

Diese Positionen haben wohl die größte Entwicklung im Rugby mitgemacht. Sie sind sehr leistungsstark im Tackeln, Laufen und Passen des Balls geworden, während sie früher hauptsächlich im Gedränge aktiv waren.

Die Pfeiler schieben (abgesehen von ihrer Bedeutung beim Ballgewinn und dessem Bewahren) im Gedränge, wo sie in einer direkten Kontaktsituation mit dem Gegner stehen. Zudem spielen sie die Rolle des »Hebers« in der Gasse, d. h. sie heben die Spieler, die für den Ballgewinn zuständig sind, hoch.

Der Hakler muss den Ball ab dem Beginn des Gedränges zurückgewinnen (er »hakelt« ihn mit seinen Fersen nach hinten). Er ist es auch sehr oft, der den Ball in die Gasse wirft.

Was macht die Zweite Reihe?

Sie stehen gleich hinter den Pfeilern und schieben ebenso mit im Gedränge. Aufgrund ihrer Größe sind es meistens die Pfeiler, die in die Gasse springen, um den Ball zurückzugewinnen. Beim heutigen Rugby spielen sie eine immer wichtiger werdende Rolle beim Tackeln.

Was macht die Dritte Reihe?

Die Spieler der Dritten Reihe – linker Flügelstürmer, rechter Flügelstürmer und Nummer acht – vereinen die physische Stärke eines Stürmers mit den technischen und kreativen Fertigkeiten eines Spielers aus der Hintermannschaft. Manche sind so vielseitig, dass sie auch als Verbinder spielen können.

Die Flügelstürmer werden auf Englisch auch »Flanker« genannt (aufgrund ihrer Position an den Flanken des Gedränges). Diese sehr technischen und körperlichen Spieler intervenieren in der Angriffsphase, aber auch bei der Verteidigung, wo sie den Ballträger ständig verfolgen. Sie stehen ihren Mitspielern immer als Unterstützung zur Verfügung, insbesondere zum Ballgewinn nach einem Tackling oder beim Neustart des Spiels. Aus diesem Grund laufen diese Spieler sehr viel. Man sagt ihnen nach, dass sie drei Lungenflügel hätten oder keine Milz.

Die Nummer acht ist ein starker Spieler, der in der Lage ist, die gegnerische Verteidigung zu durchdringen. Aufgrund seiner aktiven Rolle in der zweiten oder dritten Verteidigungsreihe ist er für viele Ballgewinne verantwortlich. Im Gedränge kontrolliert er den Ball im Zusammenspiel mit seinem Gedrängehalb.

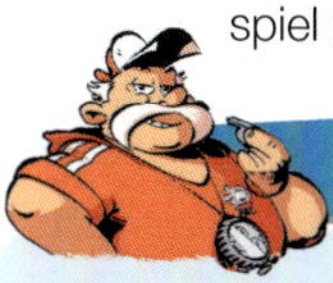

Anekdote

Eine französische Nummer acht erhielt den Beinamen »Matabiau« – in Anspielung auf den Bahnhof von Toulouse. Der Grund lag im Wortsinn auf der Hand, denn ihm gingen alle Bälle durch die Hände, so wie alle Züge aus dem Südwesten über den Bahnhof Matabiau fahren.

Warum sehen die Ohren mancher Spieler so aus, wie sie aussehen?

Wegen der Reibung in der Mitte des Gedränges. An dem Ohr eines Spielers, um das es am schlechtesten steht, kann man erkennen, ob er auf der rechten oder der linken Seite spielt.

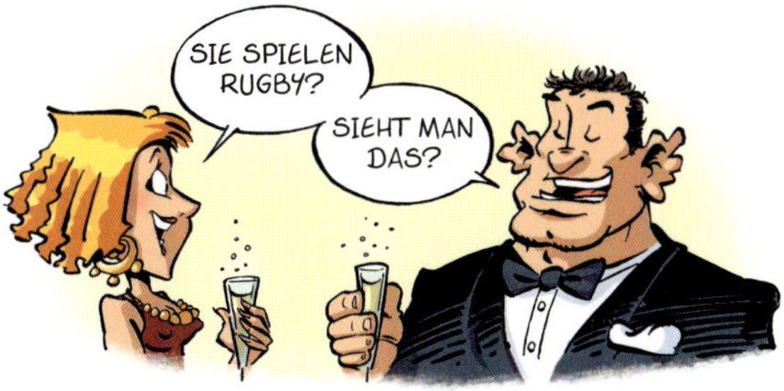

Was sind »die 5 Vorderen«?

Die drei Spieler der Ersten und die beiden weiteren der Zweiten Reihe. Diese Benennung hört man oft von Fernsehkommentatoren, denn die Rolle der »5 Vorderen« ist von großer Bedeutung, insbesondere im Gedränge.

Folgen Stürmer einer speziellen Ernährungsweise?

Der Legende nach sind sie sehr gute Esser, insbesondere die Spieler der Ersten Reihe. Aber im modernen Rugby sehen sie sich mehr und mehr einer dem Hochleistungssport angemessenen Ernährungsweise ausgesetzt. Das bedeutet: kein Eintopf mehr, keine Wurst und keinen Käse vor dem Spiel! Und natürlich halten sich auch alle wirklich an diese Diät …

HALBSPIELER

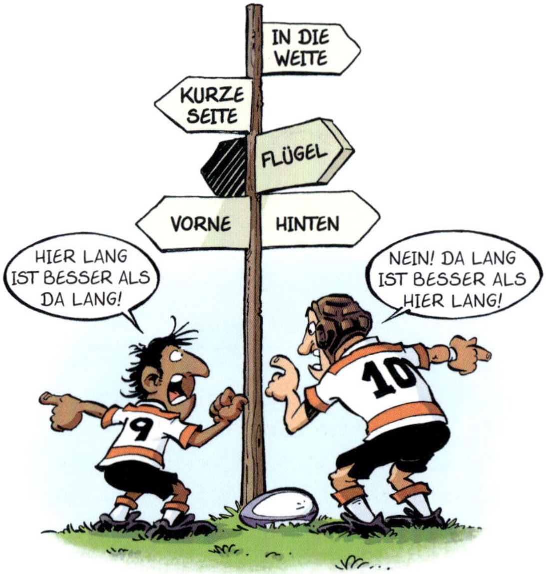

Wer sind sie?

Sie sind zu zweit: der Gedrängehalb (Nr. 9) und der Verbindungshalb (Nr. 10, auch: »Verbinder«).

Was ist ihre Aufgabe?

Sie laufen nicht nur viel, sondern strengen auch ihren Kopf an … Tatsächlich handelt es sich um Strategen, die dem Spiel ihres Teams die Richtung geben. Sie agieren als Bindeglied zwischen der Gruppe der Stürmer (zuständig für den Ballgewinn) und der Hintermannschaft (zuständig für das Erzielen von Punkten).

Was macht der Gedrängehalb?

Er ist der »Anführer« der Stürmer und auch ein Ballkünstler: Er wirft den Ball in das Gedränge und holt ihn wieder beim Verlassen des Gedränges und anderer Ansammlungen … Anschließend gibt er die Richtung des Spiels vor, sei es mit dem Fuß oder mit der Hand.

Der Gedrängehalb ist oft weniger kräftig als seine Mitspieler, macht dieses körperliche Defizit aber durch seine enorme Cleverness mehr als wett. (Meist hat er auch eine ziemlich große Klappe!) Die Schwierigkeit bei der Position des Gedrängehalbs liegt darin, zum einen ein guter Einzelkämpfer zu sein, aber zum anderen auch seinen Mitspielern ein gutes Spiel ermöglichen zu können.

Was macht der Verbindungshalb?

Man nennt ihn auch »Öffner«, da er als wahrer Taktiker das Spiel in Richtung der Hintermannschaft gemäß der vorab aufgestellten Strategie »öffnet« (d.h. orientiert). Die Aufgabe des Kickprofis besteht im Allgemeinen darin, Erhöhungstritte (siehe S. 44), Straftritte und Sprungtritte auszuführen. Beim modernen Rugby muss er zudem ein guter Verteidiger sein.

HINTERMANNSCHAFT

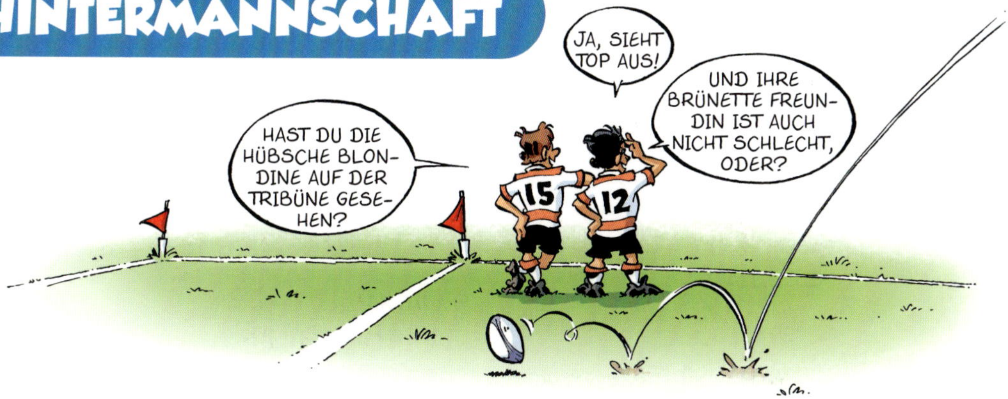

Wer sind sie?

Sie sind zu fünft: Der erste und zweite Innendreiviertel (Nr. 12 und 13), die zwei Außendreiviertel (Nr. 11 und 14), der Schlussmann (Nr. 15).

Was machen sie?

Die **Innendreiviertel** sorgen für den Raumgewinn ihres Teams. Entscheidend dafür sind ihre Stärke, ihre Schnelligkeit und ihr Passspiel. Beim modernen Rugby sind sie außerdem immer mehr auch hervorragende Tackler und Kicker.

Aufgabe der **Außendreiviertel** ist es, Versuche (siehe S. 42) zu erzielen. Ihre Schnelligkeit und ihre Intuition sind entscheidend, um die gegnerische Abwehr zu durchbrechen. Die modernen Außendreiviertel haben eine weniger eingeschränkte Rolle als früher. Es kommt oft vor, dass sie an der Seite der Innendreiviertel in der Überzahl stehen, entweder um den Ball zu spielen oder als Täuschungsmanöver. Auf die gleiche Art und Weise kommt es vor, dass sie an der Seite der Verteidiger eingreifen.

Und was macht der **Schlussmann**? Er ist oft der letzte Verteidigungsposten. Aufgrund seiner zurückgezogenen Position holt er in der Regel die von seinen Gegnern gekickten Bälle zurück. Er kann auch eine Überzahl herstellen und eine Offensive seiner Mitspieler vervollständigen oder sich in die Verteidigung einschalten. In kleinen, nur wenig beanspruchten Vereinen kann es manchmal vorkommen, dass er an der Seite der Außendreiviertel das ganze Spiel über friert.

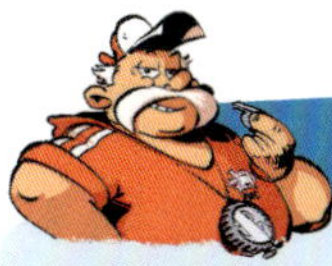

Anekdote

Ursprünglich teilte man das zu verteidigende Spielfeld in vier Bereiche ein: also in vier Viertel des Feldes. Das erste Viertel wurde von den Stürmern verteidigt, das zweite von den zwei Halbspielern und das dritte Viertel von vier sehr mobilen Spielern: daher auch die Bezeinung »Dreiviertel«. Was das vierte Viertel angeht, so wurde es vom Schlussmann allein verteidigt – der Ärmste!

TRAINER UND TRAINING

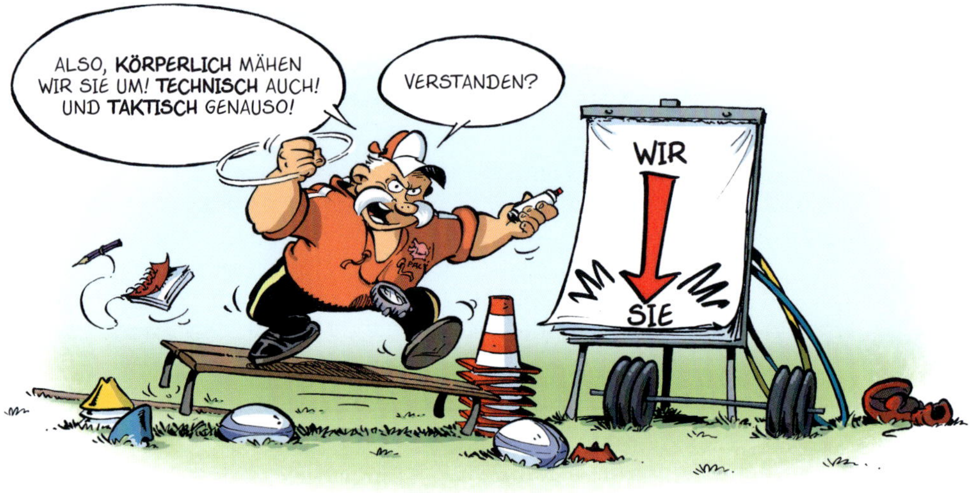

Wie wird man Rugbytrainer?

In der Regel sind es ehemalige Spieler, die Trainer werden – oft Spielführer wie Gedrängehalbe oder Hakler. Wichtig ist vor allem der Wunsch, Wissen weiterzugeben, Emotionen zu teilen – ein Spielprojekt umzusetzen, das alle zum Training motiviert. Um die Trainerlaufbahn einzuschlagen, wendet man sich in Deutschland zunächst am besten an seinen Verein, den Landes- oder den nationalen Verband. Einen guten Start ermöglicht die Rugby-Ready-Schulung im Internet: Auf der Website worldrugby.org/rugbyready erhält man Lese- und Videomaterial sowie einen Onlinetest. Nach dessem erfolgreichen Abschluss kann man sich eine persönliche Sensibilisierungsbescheinigung herunterladen und danach in einem eintägigen Kurs eine »Level-1-Trainerqualifiktion« erwerben.

Gibt es mehrere Trainer in einer Rugbymannschaft?

Meistens gibt es zwei: Einer kümmert sich um die Stürmer, der andere um die Hintermannschaft. Im Profirugby kann es noch weitere, auf einen bestimmten Bereich des Spiels spezialisierte Mitwirkende geben, etwa für das Gedränge, die Verteidigung, das Kicken oder die Gasse … Sie alle unterliegen der übergeordneten Autorität des Cheftrainers.

Wie oft trainieren Rugbyspieler?

Amateurmannschaften trainieren in der Regel zweimal pro Woche. Die Profimannschaften müssen dagegen jeden Tag trainieren.

Was gehört alles zum Training?

Im Training wird an der **Physis**, also der körperlichen Verfassung, der **Technik** und an der **Taktik** gearbeitet. Üblicherweise trainieren die Gruppe der Stürmer und die Hintermannschaft separat, bevor sie sich zu einer gemeinsamen Einheit wieder zusammenschließen.

Was das **körperliche Training** angeht, so besteht dieses zu einem großem Teil aus **Kraft-** und **Lauftraining**. Beim Krafttraining liegt der Schwerpunkt der Stürmer auf dem Training des Nackenbereichs und des Rückens, neben den Basics wie Bankdrücken (Oberkörper), Rudern (Schultern, Trizeps) und Kniebeugen (Squats, Training der Oberschenkel).

Das Training ist auf **Stärke**, **Kraft** und **Ausdauer** ausgerichtet. Die Hintermannschaft arbeitet eher an der Schnellkraft. Dazu heben sie große Gewichte für einen kurzen Zeitraum oder leichte Gewichte in schnellem Tempo.

Beim **Lauftraining** sind Sprints, Richtungswechsel und Intervalltraining unerlässlich für alle Positionen. Dazwischen gibt es immer wieder ausreichend lange Erholungsphasen, damit die Spieler nicht zu sehr an ihre Reserven gehen müssen. Was das **Technik**- und **Taktiktraining** betrifft, feilt jede Spielergruppe separat an den Spielphasen, die sie betreffen (zum Beispiel Gasse und Gedränge für die Stürmer, Passspiel für die Hintermannschaft…).

Dieses Training kann unter Zuhilfenahme bestimmter »Skills« erfolgen – mit diesem englischen Begriff beschreibt man ein spielerisches, individuelles Techniktraining, mit dem insbesondere am Passspiel, der Lauftechnik, dem Tackling, Clean-out oder dem Kicken etc. gearbeitet wird.

Im Anschluss trainieren alle Spieler zusammen, damit das gesamte Team gemeinsame Bezugspunkte hat. Alle unterschiedlichen Spielstarts werden gemeinsam wiederholt, um die Spielzüge miteinander zu verbinden. So können die Spieler sich in Bezug auf ihre Mitspieler oder in Bezug auf die verschiedenen Spielsituationen, in denen sie sich wiederfinden, orientieren.

Das Training endet gelegentlich mit einem kurzen Spiel untereinander.

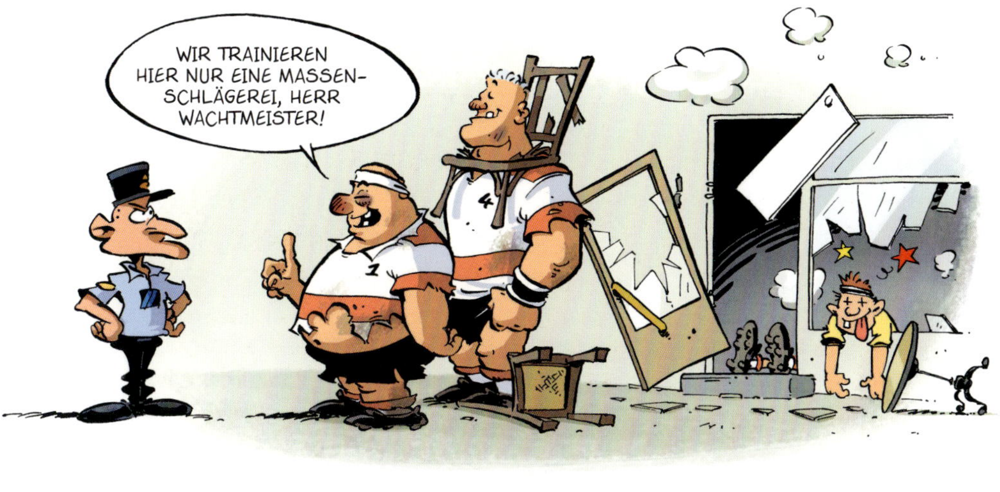

Werden Hilfsmittel benutzt?

Aber sicher. Am bekanntesten ist das »Joch« – benannt nach dem Holzzuggeschirr, das früher dazu diente, Ochsen für die Arbeit vor einen Wagen zu spannen. Beim Rugby ist das Joch ein Gerät, mit dem Stürmer den Schub im Gedränge trainieren können. Eine Feder oder ein Gewicht sorgen für den Widerstand bei diesem Schub. Bei den größten Teams simuliert ein Computer die Kraft des gegnerischen Sturms.

Außerdem nutzen die Spieler schwere Säcke (Tackle Bags) für das Tackletraining und Schaumstoffschutzschilder zum sicheren Trainieren von Kontaktsituationen. Dieses Material ist notwendig, um dem stoßgeplagten Körper am Spieltag etwas Erholung zu bieten.

Mit diesem Zubehör wird das Verletzungsrisiko erheblich gesenkt und dennoch die für das Spiel typische körperliche Konfrontation beibehalten.

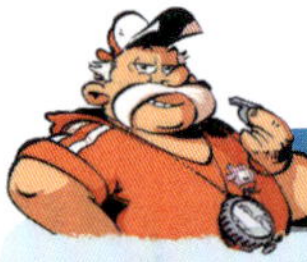

Anekdote

Trainieren kann ein Rugbyspieler mit fast allem. Ein berühmter internationaler Pfeiler zum Beispiel, der auch Landwirt war, hob stundenlang Kartoffelsäcke hoch. Seine Kraft im Gedränge war legendär!

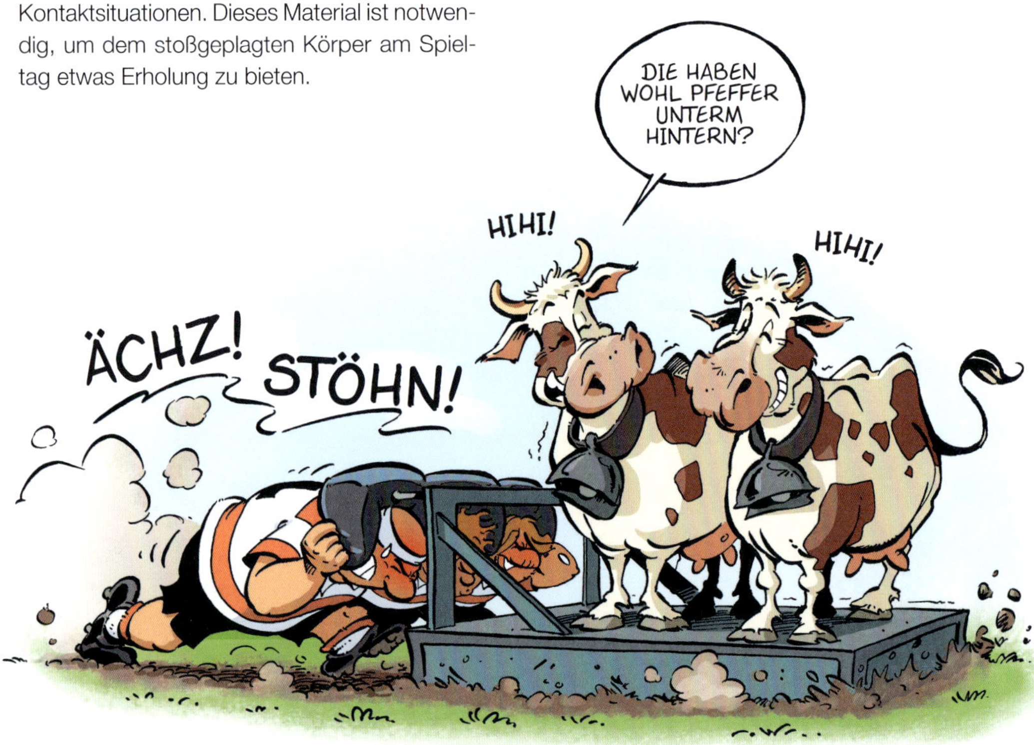

SCHIEDSRICHTER

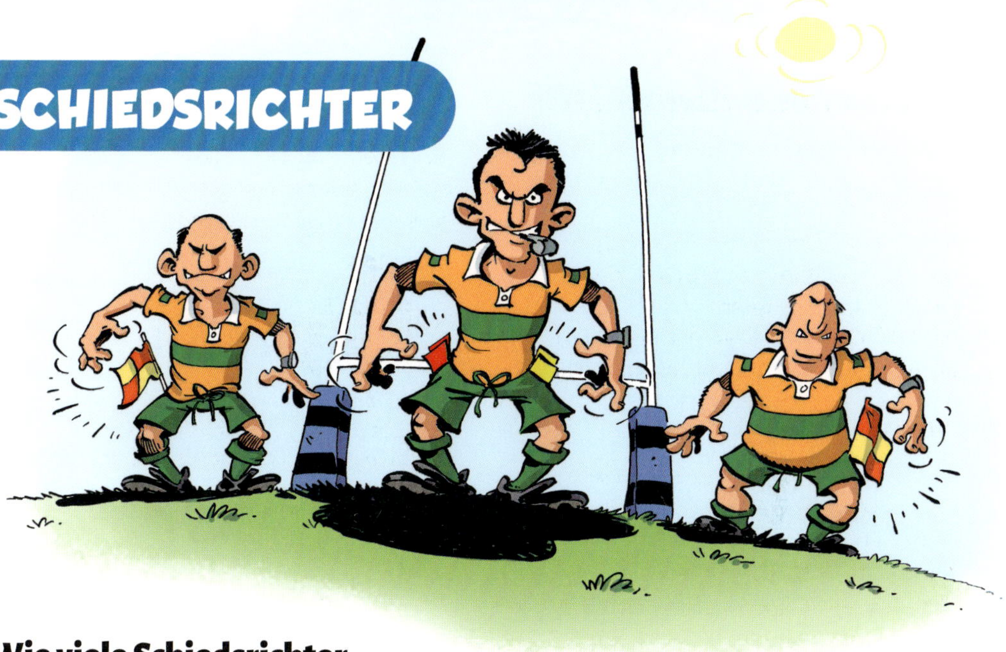

Wie viele Schiedsrichter gibt es in einem Spiel?

In der Regel gibt es einen (auch Haupt- oder Feldschiedsrichter genannten) Schiedsrichter und zwei ihm assistierende Linienrichter. Abhängig vom Spielniveau und der nationalen Liga können im Hintergrund auch weitere Offizielle wie Zeitnehmer oder TV- oder Video-Schiedsrichter beteiligt sein.

So gibt es beispielsweise in den Spielen um die französische Meisterschaft (Top 14) einen Feldschiedsrichter, zwei Linienrichter, zwei Schiedsrichter für Auswechslungen und den Kontakt zu den Trainern sowie einen TV-Schiedsrichter.

In den Matches der zweithöchsten französischen Spielklasse (Pro D2) tritt das gleiche Schiedsrichterteam an wie in der ersten Liga, nur wird hier der TV- Schiedsrichter durch zwei Malfeld-Linienrichter ersetzt.

Was sind ihre Aufgaben?

Der Schiedsrichter ist dafür zuständig, das Spiel zum Laufen zu bringen und für die Einhaltung der Regeln zu sorgen. Dafür braucht er einige Standfestigkeit; er muss aber auch in der Lage sein, flexibel zu agieren. Ihm darf nichts entgehen, und sollte dies doch einmal der Fall sein, muss er sich Hilfe von seinen Assistenzschiedsrichtern holen.

Der Schiedsrichter wendet sich an den Trainer oder an bestimmte im Vorfeld bestimmte Spieler für die Weitergabe seiner Anweisungen.

Die beiden Linienrichter walten auf jeder Seite des Platzes ihres Amtes. Mit einer Fahne zeigen sie an, an welcher Stelle der Ball ins Aus gegangen ist und welches Team das Spiel neu startet. Sie können dem Schiedsrichter jegliches Foulspiel anzeigen und ihn bei allen Unstimmigkeiten im Malfeld unterstützen.

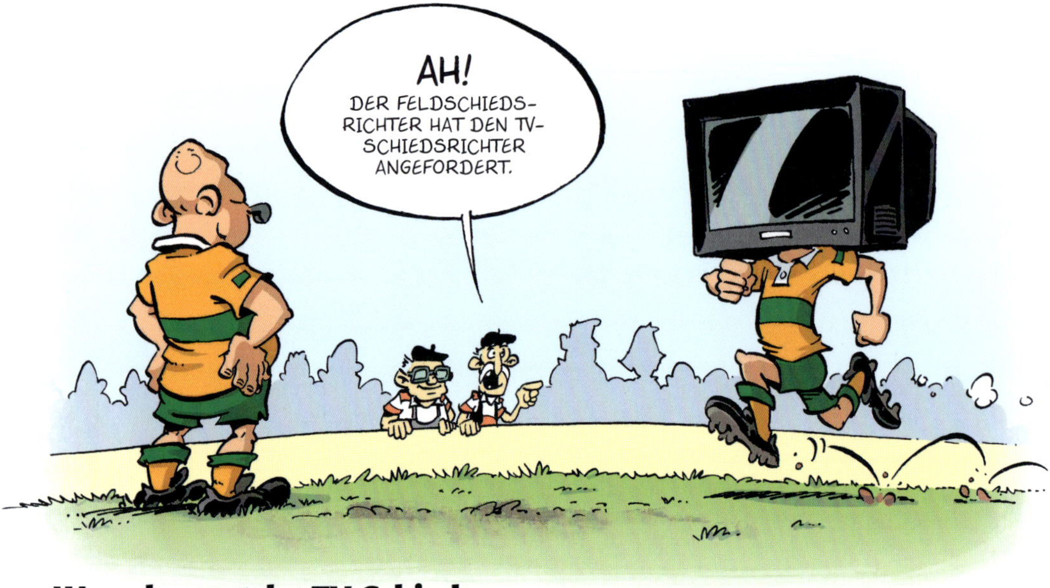

Wann kommt der TV-Schiedsrichter ins Spiel?

Er legt mögliche Zweifel bezüglich der Gültigkeit eines Versuchs (S. 42) oder eines Tritts nach den Stangen bei, aber auch bei einem eventuellen Seitenaus (oder Malfeldseitenaus) eines Spielers vor einem Versuch. Der Feldschiedsrichter kann auch auf den TV-Schiedsrichter zurückgreifen, um mögliches unfaires Spiel zu klären. Das gilt aber nicht bei allen Verstößen, sondern nur im Fall einer Behinderung (des Gegners, ohne den Ball zu spielen), wenn ein Mitspieler vor dem Treter steht, bei gefährlichem Spiel, bei einem Tackle ohne Ball oder bei einer zweifachen Bewegung bei einem Tackling, bei einem Vorwurf oder einem Vorpass, einem Verstoß im Seitenaus, bei Abseits bei einem offenen Gedränge oder einem Paket und natürlich bei Zweifeln bezüglich des Spielers, der den Ball im Malfeld abgelegt hat. In all den genannten Fällen ist es möglich, die Spielsequenzen des gesamten Platzes anzusehen. Der Schiedsrichter kann jedoch nicht mehr als zwei Spielphasen weit zurückgehen.

Es ist auch zu beachten, dass – wenn ein Versuch vom Feldschiedsrichter für gültig erklärt wurde, aber die Zeitlupe auf dem großen Bildschirm des Stadions zeigt, dass es sich um einen Fehler handelt – der Feldschiedsrichter noch die Möglichkeit hat, den TV-Schiedsrichter zu konsultieren, solange der Erhöhungstritt (S. 44) noch nicht ausgeführt wurde.

Kann der TV- den Feldschiedsrichter alarmieren, wenn er einen Verstoß bemerkt hat?

Sicher. In diesem Fall spricht er dem Schiedsrichter die Worte »Check! Check!« in den Kopfhörer. Und wenn einmal Uneinigkeit zwischen den beiden Schiedsrichtern herrscht, was die zu treffende Entscheidung angeht, schlägt der TV-Schiedsrichter seinem Kollegen vor, sich eine weitere Zeitlupe anzuschauen, die seine anderslautende Interpretation belegt. Nach der zweiten TV-Betrachtung trifft der Feldschiedsrichter die finale Entscheidung.

Warum ist der Schiedsrichter solch eine Respektsperson in der Welt des Rugbys?

Der Respekt des Schiedsrichters ist einer der Grundwerte dieses Sports und wird ab dem jüngsten Alter gelehrt, schon in den Rugbyschulen. Wer ihm widerspricht, wird sofort zurechtgewiesen oder sogar von seinem Ausbilder bestraft. Für den nötigen Respekt sorgen aber auch die Regeln dieses Sports, da jeder Spieler, der eine Entscheidung des Schiedsrichters infrage stellt, unverzüglich mit einem 10-m-Antritt oder mit einer gelben Karte bestraft wird, was seinem Team stark schadet. Der Schiedsrichter verwarnt, bestraft, erläutert – und jeder weiß, dass die Einhaltung der Regeln unerlässlich ist, um den »Geist« des Spiels zu bewahren. Deshalb zollen ihm letztlich alle Akteure dieses Sports den nötigen Respekt: Trainer, Spieler, Funktionäre, Fans, Presse …

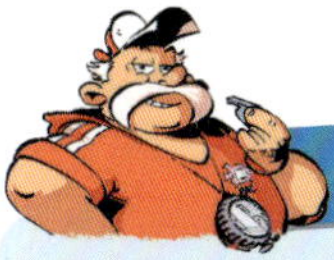

Anekdote

Früher waltete ein Rugby-Football-Schiedsrichter nur mit seiner Stimme seines Amtes und hatte große Mühe, sich allein damit bei den Spielern Gehör zu verschaffen. Erst im Jahr 1885 kam William Atack, ein neuseeländischer Schiedsrichter, auf die Idee, eine Trillerpfeife zu benutzen, um das Spiel bei jedem Fehlverhalten zu unterbrechen. Seine glorreiche Idee wurde dann von vielen anderen Mannschaftssportarten aufgegriffen.

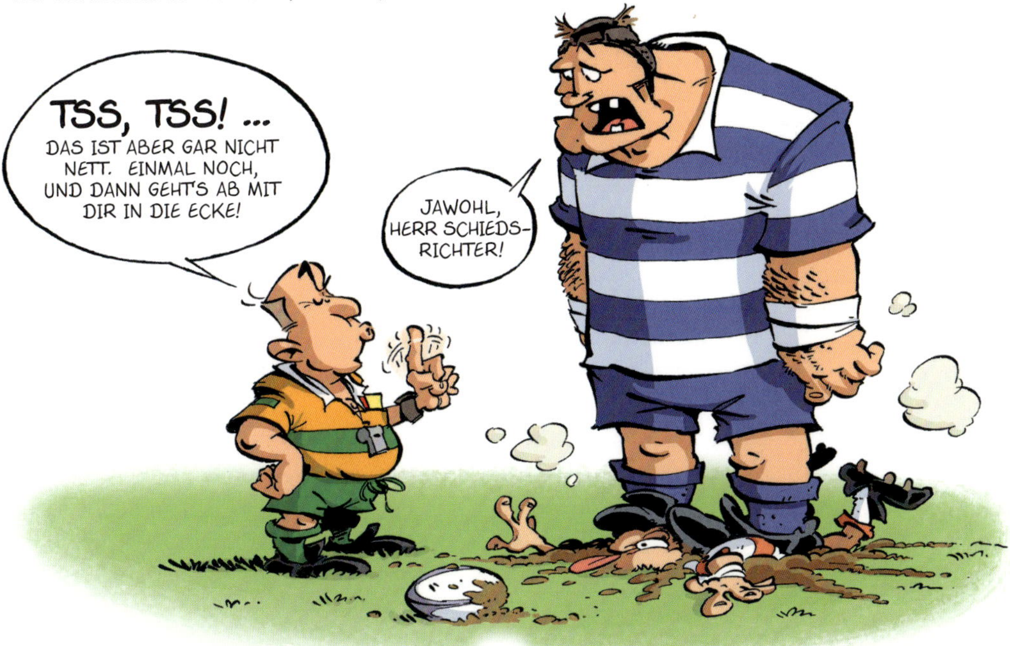

FANS

Sie sind der unentbehrliche 16. Mann des Teams. Hier einige Beispiele typischer Fans, wie man sie auf den Tribünen der Stadien treffen kann …

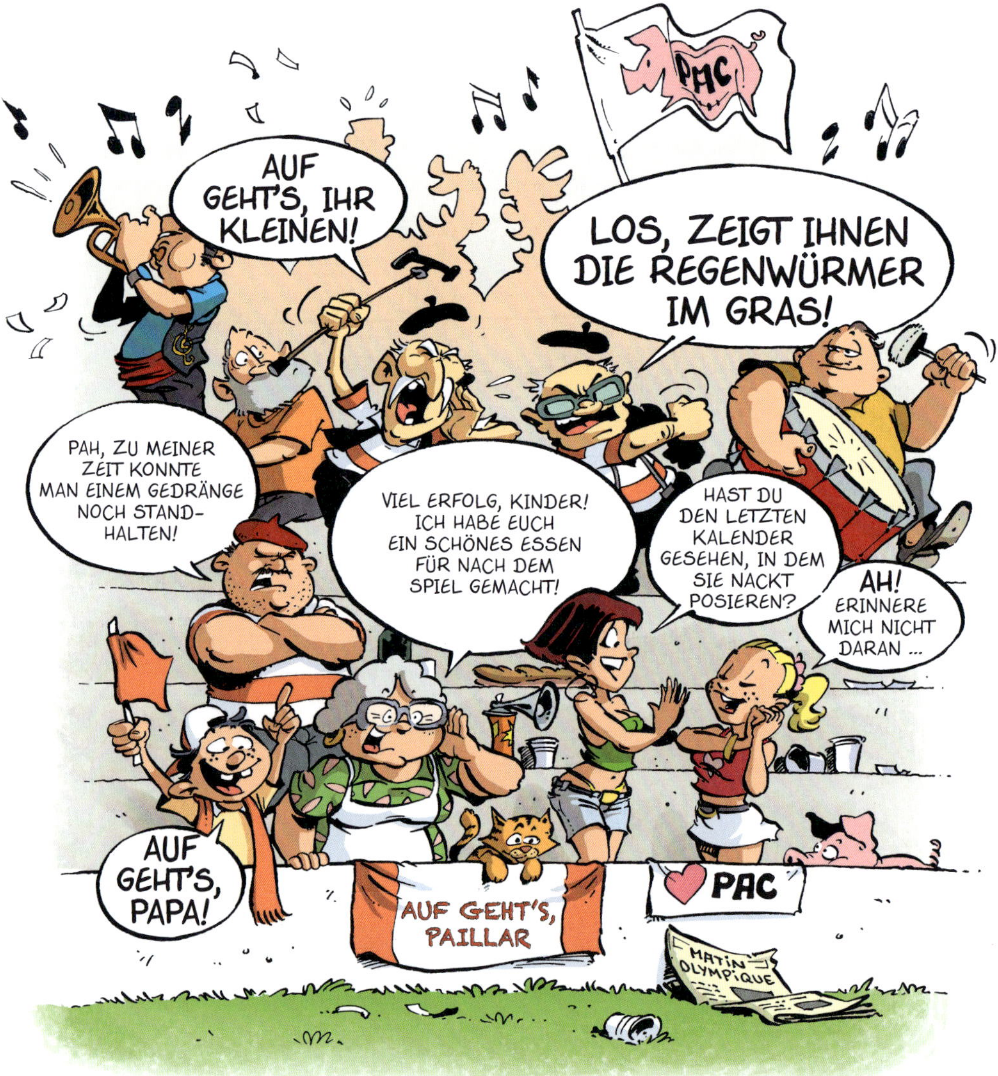

2
DAS SPIEL

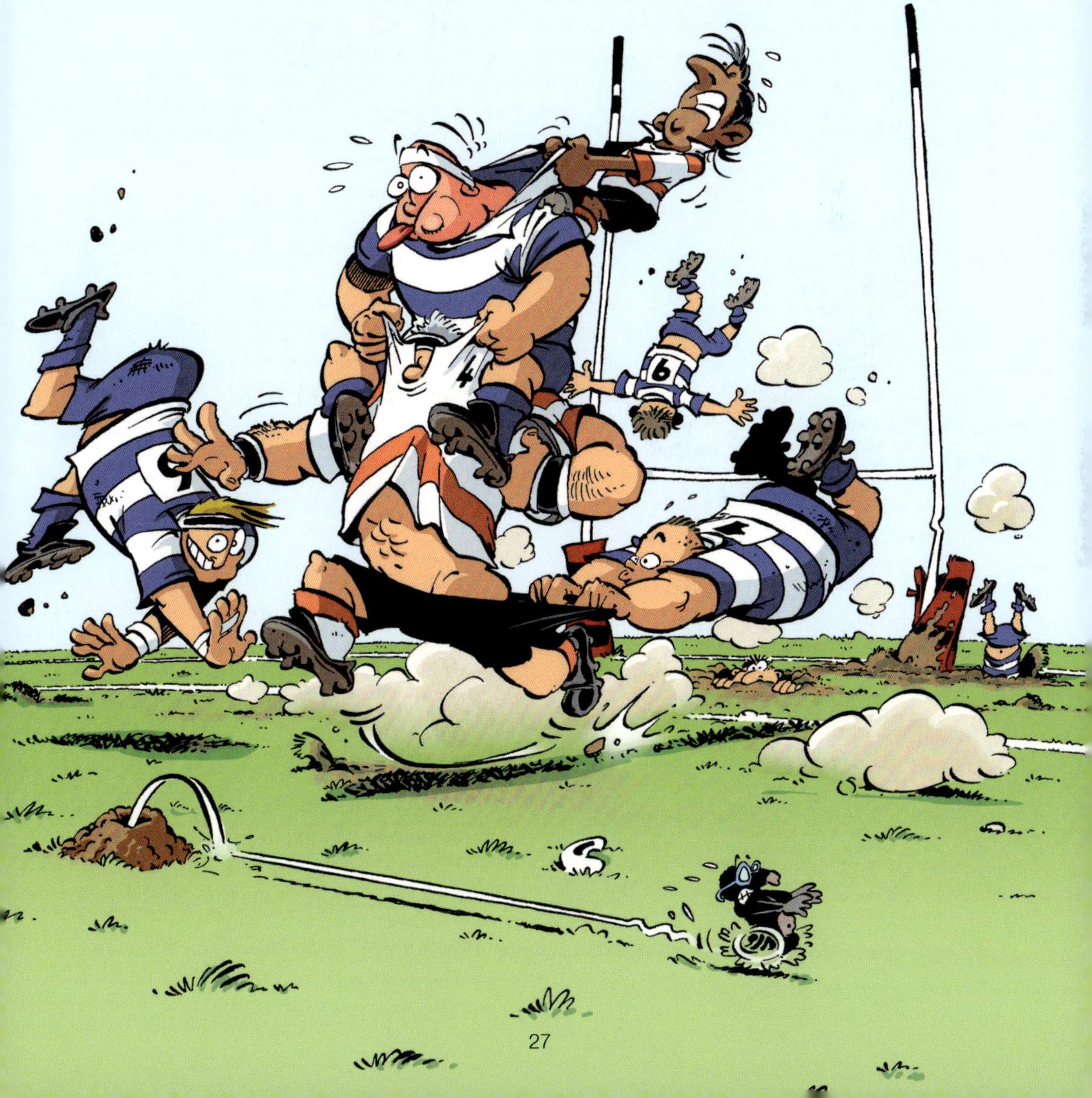

PRINZIP DES SPIELS

Beim Rugby stehen sich zwei Mannschaften bestehend aus 15 Spielern (bzw. 13, 10 oder 7 in verschiedenen Varianten) gegenüber, und das Ziel besteht darin, am Ende des Spiels mehr Punkte als der Gegner erzielt zu haben.

Wie wird Rugby gespielt?

Innerhalb eines Teams werfen sich die Spieler den Ball zu (in diesem Fall nur nach hinten). Wenn der Gegner im Ballbesitz ist, ist fast alles erlaubt, um ihn am Vorankommen zu hindern oder den Ball wieder zu erlangen. Körperlicher Kontakt gehört auch dazu – unter bestimmten Bedingungen natürlich.

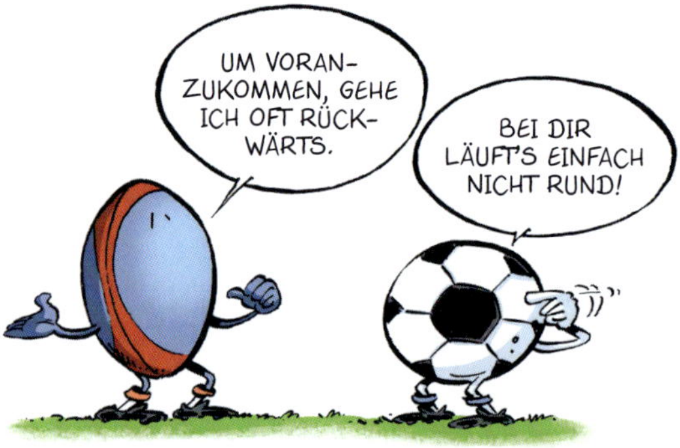

Wie lange dauert ein Spiel?

Zwei Halbzeiten à jeweils 40 Minuten, unterbrochen von einer maximal fünfzehnminütigen Halbzeitpause. Bei einem Unentschieden am Ende der Regelspielzeit ist eine Verlängerung von zweimal zehn Minuten vorgesehen; aber nur in der Finalphase eines Turniers (wenn unbedingt ein Sieger aus einer Begegnung hervorgehen muss). Ein 7er-Rugbyspiel besteht aus zwei Halbzeiten à sieben Minuten, unterbrochen von einer maximal zweiminütigen Halbzeitpause.

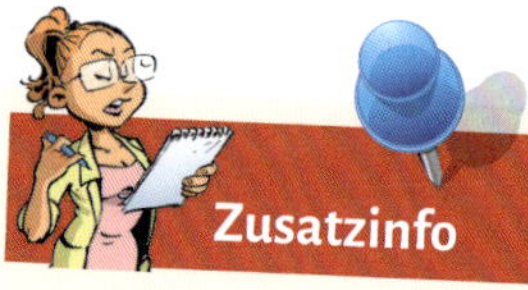

Zusatzinfo

Beim Rugby darf durchaus enormer körperlicher Druck auf einen Gegner ausgeübt werden, um in Ballbesitz zu kommen oder Punkte zu erzielen. Aber natürlich soll niemand verletzt werde: Das ist der sogenannte Verhaltenskodex – eine Grenze, die ein Spieler nicht überschreiten darf und für die die Schiedsrichter sich Respekt verschaffen müssen. Von den Spielern eingehalten werden soll dieser Kodex durch Selbstkontrolle und Gruppendisziplin.

Wann kann der Schiedsrichter das Spiel unterbrechen?

- Wenn die Sicherheit eines Spielers gefährdet ist. (In diesem Fall wird die Zeit angehalten, und sie läuft erst weiter, wenn der Spieler weiterspielen kann.)
- Wenn der Schiedsrichter mit seinen Assistenten, den Mannschaftskapitänen oder den Erste-Reihe-Spielern kommuniziert.
- Wenn der Ball »tot« ist, um den Austausch eines Ausrüstungsteils (zum Beispiel ein zerrissenes Trikot) zu ermöglichen.

Der Schiedsrichter darf die Zeit jedoch nicht anhalten, wenn sich ein Spieler verletzt (Betreuer und Ärzte dürfen das Spielfeld zu jedem Zeitpunkt betreten), außer es handelt sich um einen Erste-Reihe-Spieler.

Wie werden Punkte erzielt?

Es gibt zwei Arten, Punkte zu erzielen. Die erste besteht darin, den Ball im gegnerischen Malfeld abzulegen (Versuch). Die zweite besteht darin, den Ball zwischen die Malstangen über die Querstange zu treten (Sprungtritt, Straftritt oder Erhöhung eines Versuchs).

Wie werden die Punkte gezählt?

Für einen Versuch gibt es fünf Punkte, die Erhöhung eines Versuchs ist zwei Punkte wert, ein Treffer nach einem Straftritt oder nach einem Sprungtritt drei Punkte.

Sie werden also niemals eine Mannschaft sehen, die eins, zwei oder vier Punkte erzielt hat, aber alle anderen Punktestände sind möglich.

Was ist der »Planchot«?

So nennt man im Französischen die Anzeigetafel. Bei einer verbalen Provokation des Gegners fordert man diesen gern auf, auf den Planchot zu schauen … natürlich nur, wenn der Spielstand zu dessen Ungunsten ausfällt!

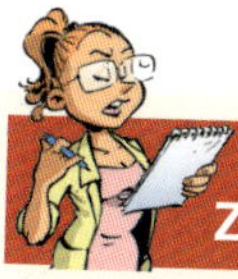

Zusatzinfo

Grundwerte und Charta

***Integrität**, **Leidenschaft**, **Solidarität**, **Disziplin** und **Respekt** wurden als die Grundwerte des Rugby-Weltverbandes (WR) formuliert und in der World-Rugby-Charta festgehalten. Diese Charta hat man auch in die Spielregeln des Weltverbands integriert (worldrugby.org/laws).*

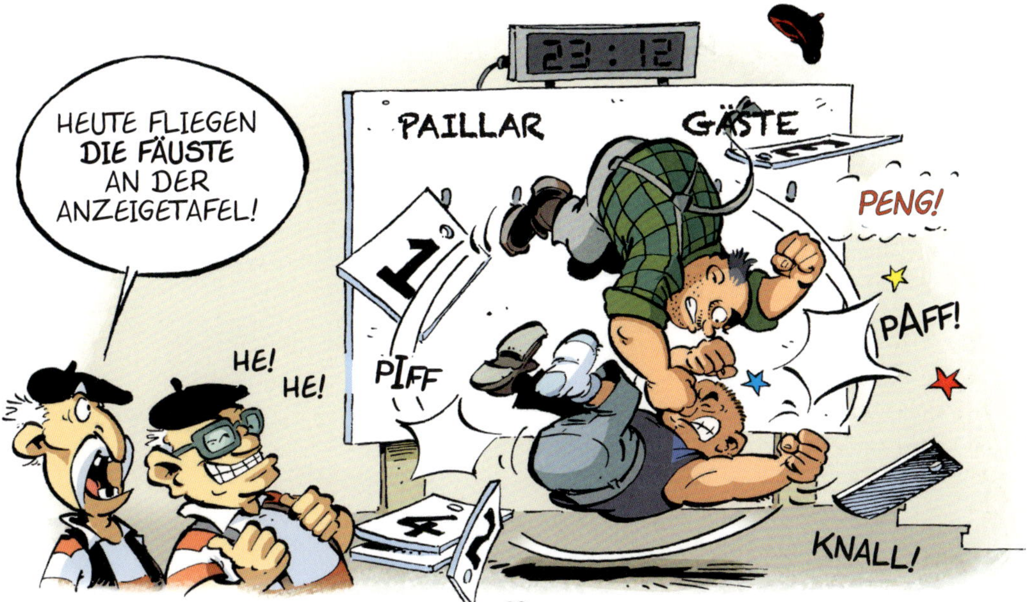

SPIELBEGINN

Was machen die Spieler vor dem Spiel?

Meistens treffen sie eine bis eineinhalb Stunden vor dem Beginn der Begegnung ein und begeben sich in die Umkleiden, wo sich jeder seinen eigenen Ritualen folgend umzieht. Einige bandagieren sich die Hände, die Oberschenkel, den Kopf oder massieren sich mit gut riechenden Salben oder Ölen …

Zum Aufwärmen geht man entweder auf den Platz oder bleibt in der Umkleide. Letzteres ziehen die Stürmer vor, um sich ungestört ganz auf sich selbst konzentrieren zu können. Dabei zögern sie aber nicht, sich untereinander grob zu behandeln, um sich auf die bevorstehende Konfrontation vorzubereiten. Die Dreiviertel gehen in der Regel lieber auf den Platz, um sich schon mal mit den dortigen Gegebenheiten vertraut zu machen und ihre ungeduldigen Beine zur Probe auslaufen zu lassen.

Anschließend versammelt sich das ganze Team in den Umkleiden, wo der Trainer nochmals seine Anweisungen wiederholt. Die Spannung steigt, bis der Schiedsrichter die Spieler auf den Platz ruft.

Wann kann der Schiedsrichter ein Spiel verschieben?

Wenn die Sicherheit der Spieler nicht gewährleistet ist, beispielsweise weil es hagelt oder der Platz vereist ist …

Wird die Ausrüstung der Spieler vor der Partie kontrolliert?

Ja, der Schiedsrichter kontrolliert, ob die Ausrüstung der Spieler regelkonform ist, insbesondere die Stollen. Bei den Profispielen übernehmen die Linienrichter diese Aufgabe.

Welches Team darf beginnen?

Das wird 35 Minuten vor dem Spielbeginn entschieden, wenn sich die zwei Mannschaftskapitäne und der Schiedsrichter zum Münzwurf treffen. Der Gewinner entscheidet sich entweder für den Antritt, oder er wählt die Spielfeldseite, auf der seine Mannschaft spielen soll.

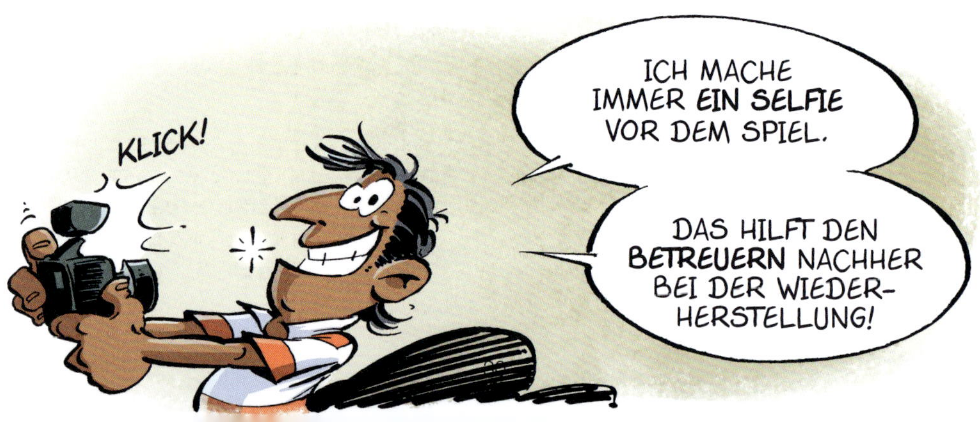

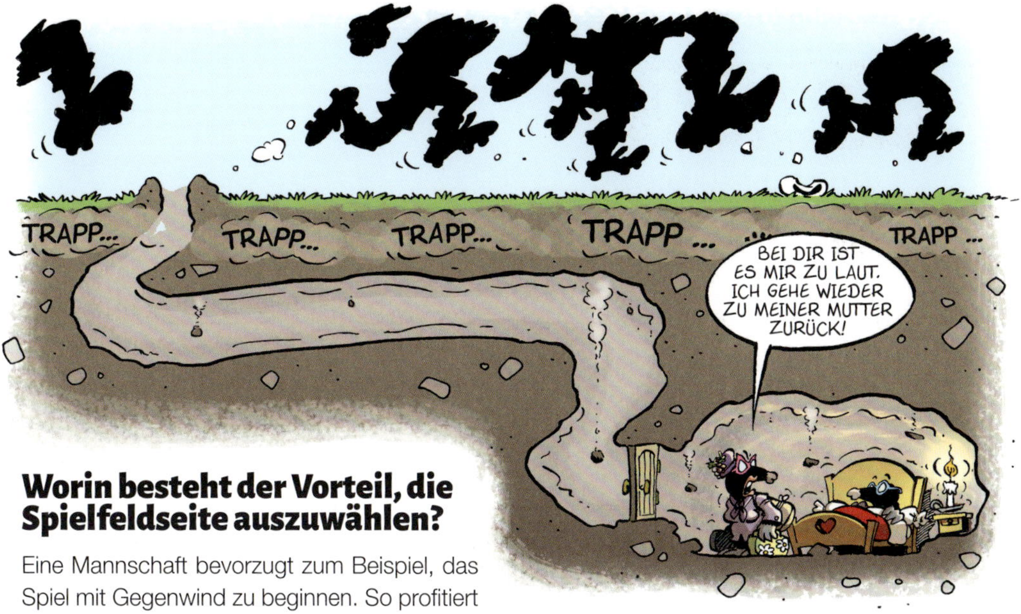

Worin besteht der Vorteil, die Spielfeldseite auszuwählen?

Eine Mannschaft bevorzugt zum Beispiel, das Spiel mit Gegenwind zu beginnen. So profitiert sie in der zweiten Halbzeit nach dem Seitenwechsel vom Wind, wenn die Ermüdung am deutlichsten zu spüren ist. Ebenso können die Spieler die Wahl treffen, ihre Gegner gegen die Sonne spielen zu lassen, was sie behindert. Aber ein Team, das sofort sein Spiel durchdrücken will, wird sich eher für den Antritt entscheiden, um von Anfang an in Ballbesitz zu sein.

Wie wird ein Spiel begonnen?

Die dafür bestimmte Mannschaft muss den Antritt ausführen: Es ist oft der Verbindungshalb (Nr. 10), der den Antritt mit dem Fuß von der Mitte der Mittellinie aus schießt.

Früher musste der Ball für den Antritt auf den Boden gelegt werden. Heutzutage kann der Spieler ihn als Dropkick schießen. Das heißt, er lässt den Ball vor sich fallen und schießt ihn direkt nach dem ersten Zurückspringen. Der Schuss muss zwingend die 10-m-Linie des gegnerischen Lagers überqueren.

Wie positionieren sich die Spieler beim Antritt?

Die Mitspieler des Treters müssen hinter dem Ball stehen. Was die Gegner angeht, so müssen diese hinter der 10 m-Linie stehen.

Was passiert nach dem Antritt?

Die Mitspieler des Treters stürzen los, um zu versuchen, den Ball wieder zu erlangen und Druck auf ihre Gegner auszuüben. Aber natürlich werden ihre Gegner versuchen, den Ball vor ihnen zu fangen.

Der Antritt muss perfekt platziert sein: Wenn er die 10-m-Linie nicht überquert, wenn er direkt ins Aus geht (ohne den Boden oder einen Spieler zu berühren), über die Mallinie oder die Malfeld-Auslinie hinausgeht, bekommt der Gegner den Ball.

Mehr Details:

Wie wird das Spiel fortgesetzt, wenn der Antritt falsch ausgeführt wird?

Wenn der Ball die 10-m-Linie nicht überquert, können die Gegner den Antritt wiederholen lassen oder ein Gedränge in der Spielfeldmitte bei eigenem Einwurf ausführen.

Wenn der Ball direkt ins Seitenaus geht, haben die Gegner die Wahl zwischen drei Möglichkeiten:

- Den Antritt wiederholen lassen.
- Von einem angeordneten Gedränge in der Spielfeldmitte mit einem eigenen Einwurf profitieren.
- Den Tritt zu akzeptieren und eine Gasse zu spielen. In diesem Fall findet die Gasse auf Höhe der Mittellinie statt – außer der Ball wurde vom Wind hinter die Mittellinie zurückgeblasen, um direkt ins Seitenaus zu gehen. In diesem Fall findet die Gasse an der Stelle statt, wo der Ball in das Seitenaus gegangen ist.

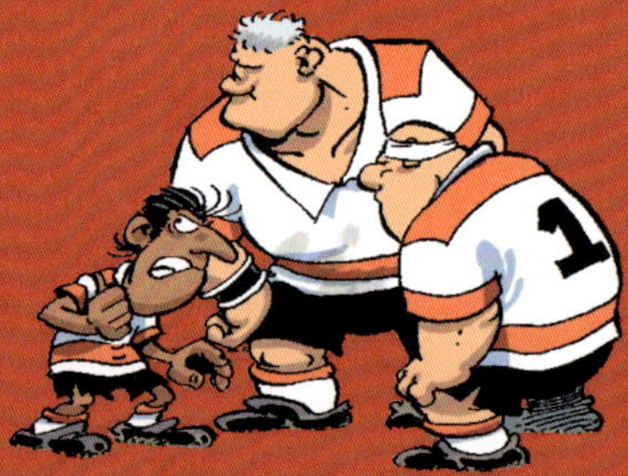

Wenn der Ball ins Malfeld geht, kann die gegnerische Mannschaft:

- weiterspielen;
- einfordern, dass der Antritt wiederholt wird;
- einen Handauf erzielen, d.h. den Ball mit der Hand im Malfeld ablegen.
- Den Ball »tot machen«, also entweder darauf warten, dass er die Malfeldendauslinie überquert oder ihn über einen Mitspieler, der mindestens einen Fuß jenseits dieser Linie hat, wiedererlangen.

Wenn sich die gegnerische Mannschaft für einen Handauf entscheidet oder den Ball »tot macht«, so muss sie das ohne Verzögerung tun, um von einem Gedränge in der Mitte der Mittellinie zu profitieren.

Wenn der Ball die Malfeldendauslinie überquert, hat die gegnerische Mannschaft drei Auswahlmöglichkeiten:

- Den Antritt wiederholen zu lassen;
- ein Gedränge in der Mitte der Mittellinie bei eigenem Einwurf;
- den Antritt akzeptieren und von einem »22-m-Antritt« profitieren. (Der Antritt wird von überall im Malfeld oder im 22-m-Raum ausgeführt, wobei die gegnerischen Spieler hinter der 22-m-Linie bleiben müssen).

PÄSSE UND VORPÄSSE

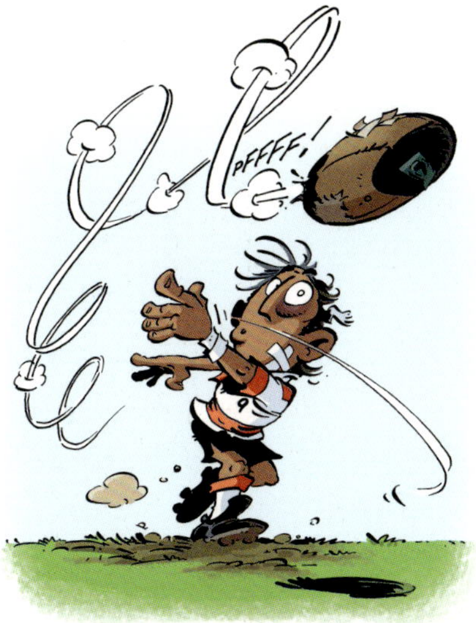

Wie wird im Rugby ein Pass mit der Hand ausgeführt?

Es gibt verschiedene Arten. Die einzige Vorgabe besteht darin, dass man den Ball nur nach hinten passen darf (oder auf der gleichen Linie, indem man sich eine Linie vom Ball parallel zu den Endauslinien vorstellt). In jedem Fall darf man den Ball nie nach vorne werfen!

Was bezeichnet im Allgemeinen einen Vorpass?

Per Definition bedeutet »Vorpass«, dass der Ball in Richtung der gegnerischen Malfeldendauslinie geht. Wenn also ein Spieler den Ball vor sich wirft oder ihn fallen lässt, auch unbeabsichtigt, und der Ball den Boden berührt oder einen anderen Spieler, handelt es sich um einen Vorpass.

Was geschieht, wenn der Ball nach vorne geworfen wird?

Der Schiedsrichter unterbricht das Spiel und ordnet ein Gedränge mit Einwurf für die gegnerische Mannschaft an. Allerdings gibt es eine Ausnahme: Wenn der nach vorne geworfene Ball von einem Gegenspieler aufgenommen wird und dieser einen Vorteil daraus zieht, kann der Schiedsrichter das Spiel weiterlaufen lassen.

Handelt es sich um einen Vorpass, wenn der Ball gegen einen Spieler prallt?

Wenn der Ball zu einem hinter ihm stehenden Mitspieler gepasst wird und dieser ihn mit der Brust oder dem Kopf fängt und den Ball dabei nach vorne schleudert, lässt der Schiedsrichter das Spiel weiterlaufen. Es ist kein Vorpass.

Darf man mit dem Fuß passen?

Ja, dabei handelt es sich sogar um ein sehr nützliches Mittel, um das Spiel zu verrücken oder die Verteidigung zu überwinden. Denn der Pass mit dem Fuß darf nach vorne ausgeführt werden! Er wird oft vom Verbindungshalb (Nr. 10), dem Kickspezialisten, angewendet. Er kann ihn knapp über die erste Verteidigungslinie hinweg in Richtung eines seiner Innendreiviertel (Nr. 12 oder 13) ausführen. Außerdem kann er den Ball auch mit einem Kreuz- oder Nichtkreuzpass zu einem seiner Außendreiviertel (Nr. 11 oder 14) im weiten Raum, entlang der Seitenauslinie, befördern.

VERSCHIEDENE PASSARTEN MIT DER HAND

Flachpass: Der Ball dreht sich in der Luft nur sehr wenig.

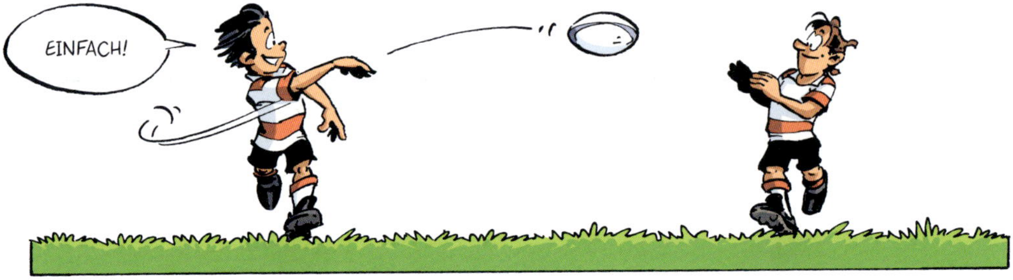

Spinpass: Der Ball dreht sich um sich selbst wie eine Schraube. So fliegt er schneller und weiter.

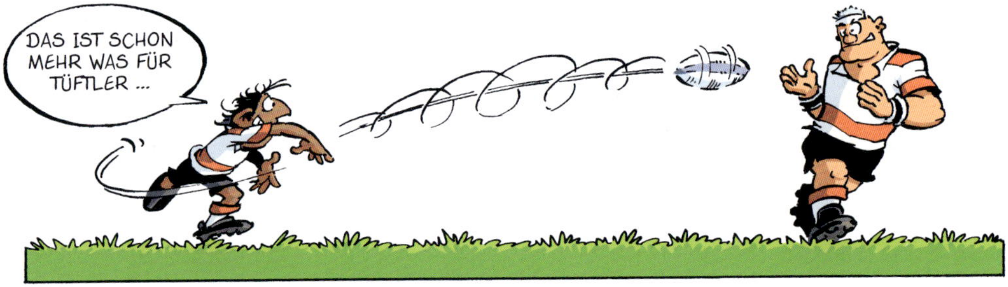

Ein-Schritt-Pass: Der Spieler gibt den Ball sofort weiter. Ideal, wenn der Gegner sehr nah ist.

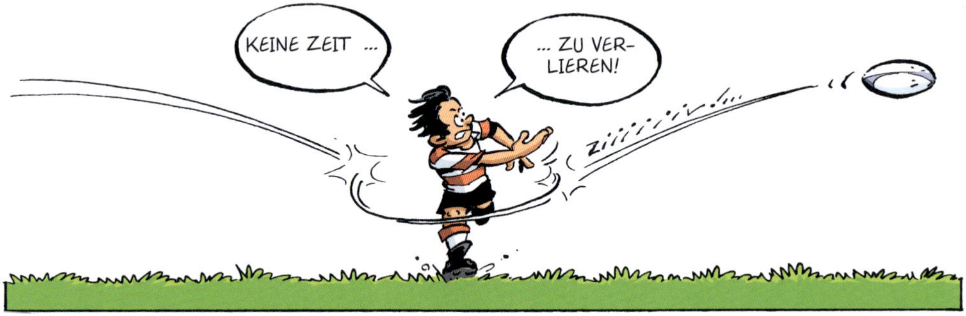

Kurzpass: Im letzten Moment nähert sich ein Mitspieler dem Ballträger, um den Pass anzunehmen und die Gegenspieler zu täuschen.

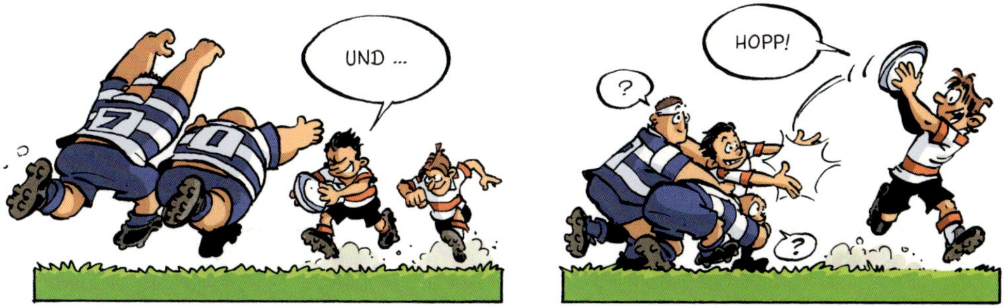

Drehpass: Der Ballträger startet auf einer Seite und passt den Ball zu einem Mitspieler, der von der anderen Seite losläuft.

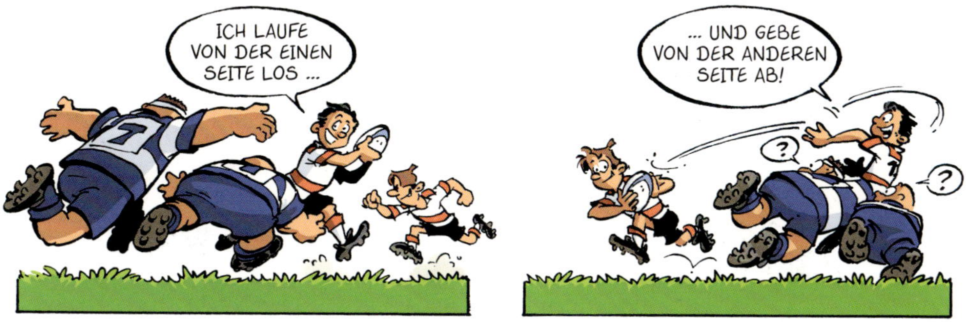

Rückpass: Der Ballträger passt den Ball zu seinem Teamkollegen, der ihn ihm sofort zurückwirft und so die gegnerische Abwehr täuscht.

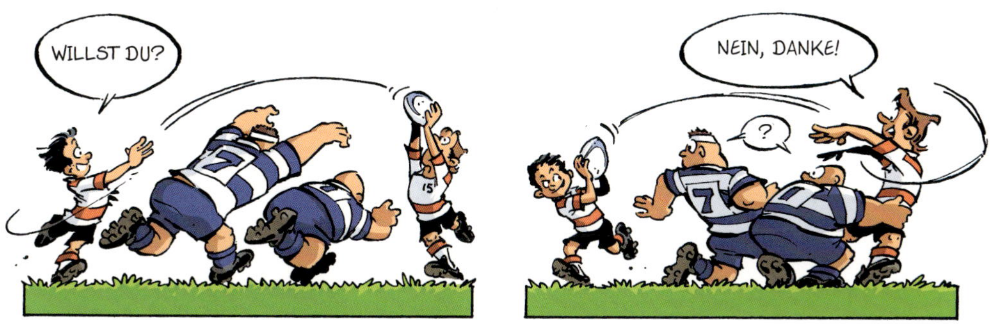

Sprungpass: Der Ballträger passt den Ball über den nächststehenden Mitspieler hinüber an denjenigen, der dahinter steht.

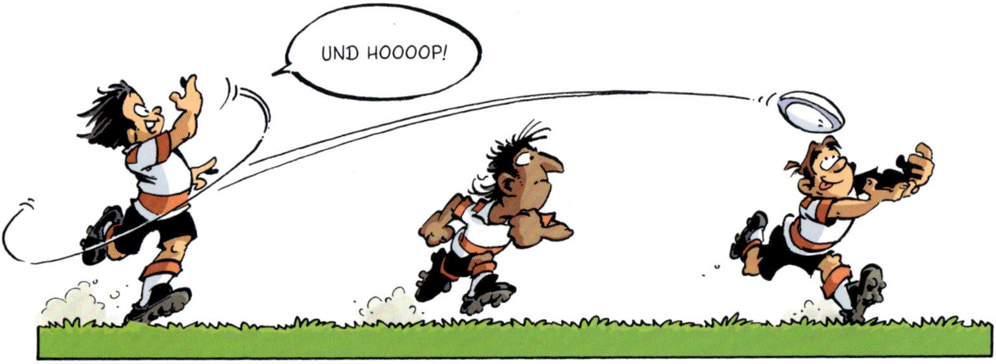

Flugpass

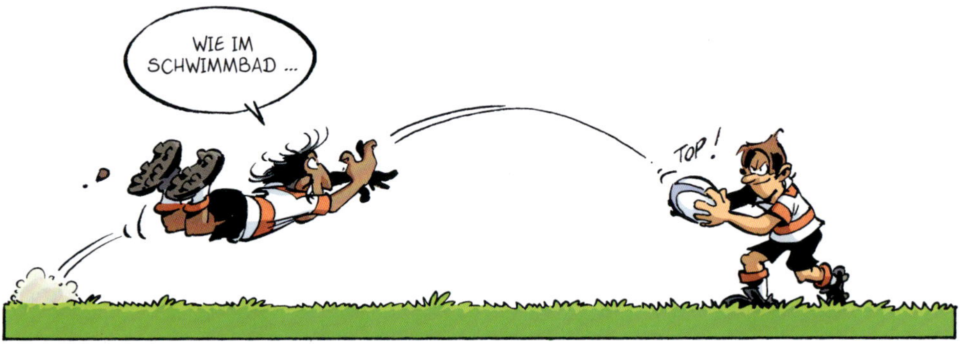

»Chistera« – Pass hinter dem Rücken: Erinnert an die Form des Handschuhs beim baskischen Pelotaspiel, der »Chistera« genannt wird.

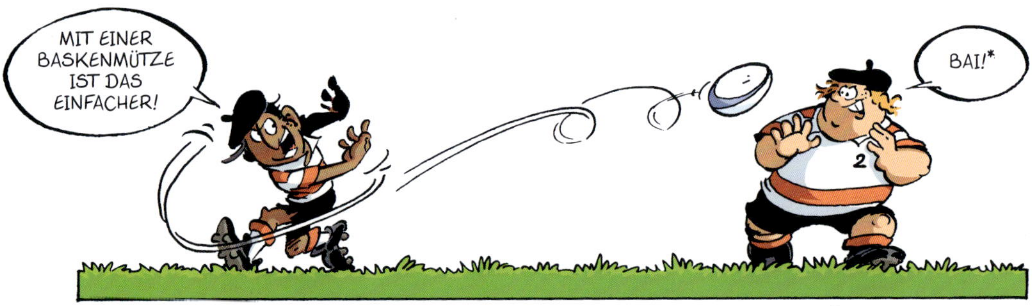

Volleypass: Der Ball wird direkt weitergegeben, ohne ihn anzunehmen.

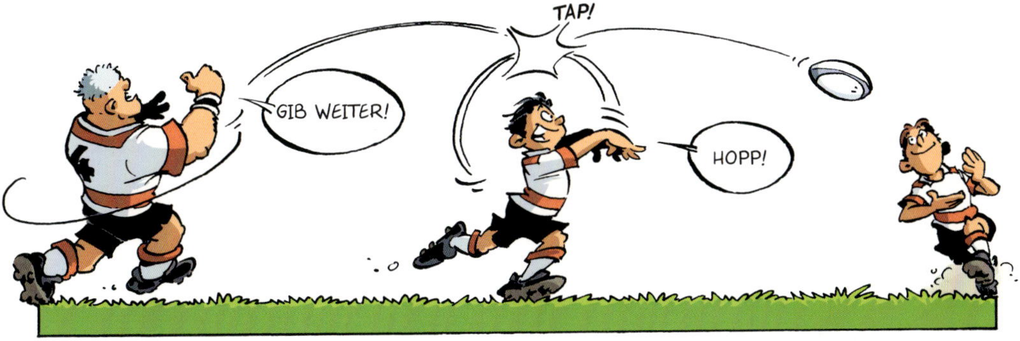

Angetäuschter Pass: Der Spieler tut so, als würde er den Ball passen, behält ihn jedoch

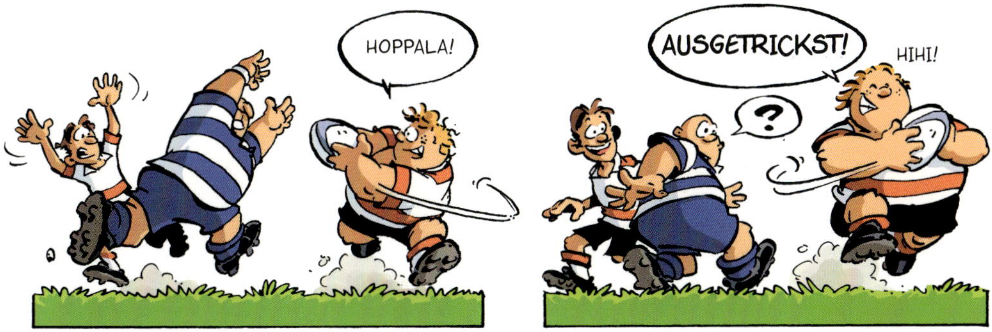

Fehlpass

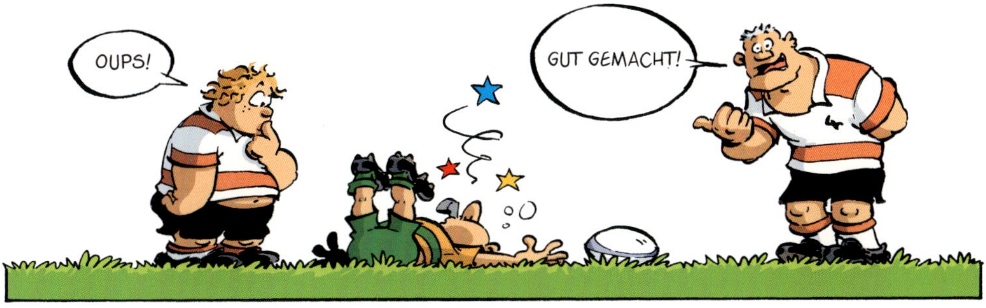

TACKLE

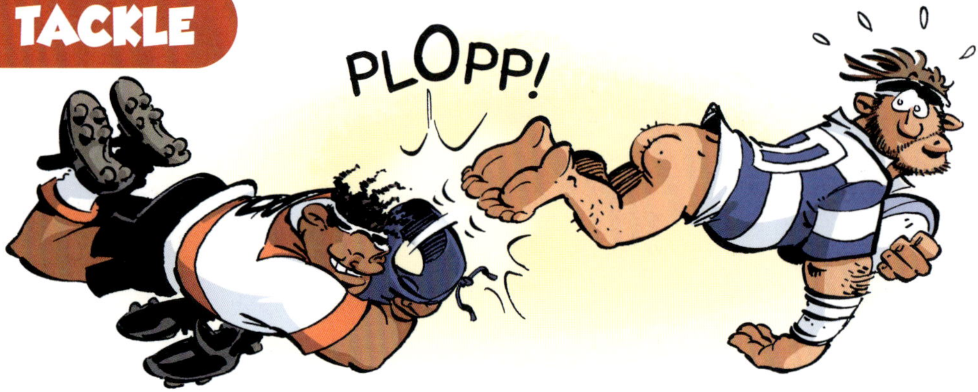

Was ist ein Tackle?

Ein Tackle besteht darin, den Lauf des balltragenden Spielers zu stoppen, indem er mit den Armen festgehalten und umklammert wird, sodass er zu Boden fällt. Ein Spieler ist »getackelt«, wenn mindestens ein Knie den Boden berührt. Die Gegner, die den Ballträger festhalten und ebenfalls zu Boden gehen, werden Tackler genannt. Im Gegensatz dazu werden die Gegner, die den Ballträger festhalten, aber nicht zu Boden gehen, nicht als Tackler betrachtet.

Was ist verboten?

Allem voran darf kein Spieler getackelt werden, der nicht im Ballbesitz ist. Wenn ein Spieler Ballträger ist, ist es verboten, ihn auf Höhe des Halses und des Kopfes zu tackeln (dabei handelt es sich um »hohes Tackling«, was als »gefährliches Spiel« gewertet wird). Ebenso ist es nicht gestattet, einen Gegner hochzuheben und zu Boden zu schleudern, sodass sein Kopf oder sein Oberkörper den Boden berührt. Allerdings ist es möglich, die Füße des Ballträgers anzuheben und vom Boden zu lösen – unter der Voraussetzung, dass der Tackler beim Fall mit zu Boden geht. Außerden ist es verboten, den balltragenden Spieler mit einem Schulterwurf anzugehen oder sich auf einen bereits am Boden liegenden Gegner im Ballbesitz zu werfen.

Der Tackler und der getackelte Spieler werden, wenn sie am Boden liegen, als »tot« betrachtet, was den Spielverlauf angeht. Sie dürfen also keinesfalls den Ball spielen oder einen anderen Spieler daran hindern, dies zu tun.

Zuwiderhandlungen gegenüber diesen Regeln werden mit einem Straftritt gegen ihr Team geahndet oder sogar mit einem temporären oder dauerhaften Platzverweis, je nach Schwere ihrer Handlung.

Was muss der getackelte Spieler tun, sobald er am Boden ist?

Er muss unverzüglich einen Pass ausführen oder den Ball loslassen. Danach muss er aufstehen oder sich entfernen, denn solange er noch am Boden ist, darf er nicht am Spiel teilnehmen. Anderenfalls riskiert er einen Straftritt gegen sein Team. Wird er allerdings daran gehindert, kann er einen Straftritt zu seinen Gunsten erhalten.

Was muss der Spieler tun, der einen anderen getackelt hat?

Der Angreifer muss den getackelten Spieler loslassen, bevor er (auf beide Füße!) aufsteht (oder sich entfernt). Solange er nicht wieder aufgestanden ist, darf er den Ball nicht spielen. Hält er sich nicht daran, kann der Schiedsrichter dem anderen Lager einen Straftritt zusprechen.

Wie nimmt man dem am Boden liegenden Spieler den Ball ab?

Man darf sich nur des Balls bemächtigen, wenn man aus einer Position hinter dem am Boden liegenden Spieler kommt und beide Füße stehend den Boden berühren. Es ist also verboten, von vorne oder seitlich zu kommen oder sich auf den Spieler zu werfen, um den Ball zu ergreifen. (Achtung, wenn ein Spieler, auch wenn er auf seinen beiden Füßen steht, mit beiden Händen den Boden berührt, bevor er den Ball erobert, wird mit einem Straftritt bestraft.) Er muss den Ball zwingend zuerst ergreifen. Der Tackler wiederum kann den Ball nur an sich nehmen, sobald er wieder auf beiden Beinen steht und unter der Bedingung, dass er sich auf seiner Seite befindet. Der Tackler, der im gegnerischen Lager aufsteht, muss sich somit auf die eigene Seite begeben, um den Ball zurückzuerobern. Achtung: Wenn ein Ruck (oder offenes Gedränge) besteht, finden die spezifischen Regeln zum Ruck Anwendung.

Was ist ein zu später Tackle?

Es handelt sich darum, einen Spieler zu tackeln, der gerade in der Folge eines Passes oder eines Kicks den Ball erlangt hat. Diese Handlung ist natürlich verboten, da sie gefährlich ist. Sie kann einen Straftritt nach sich ziehen oder einen temporären oder dauerhaften Platzverweis.

Was ist ein zu früher Tackle?

Es gibt besonders clevere Spieler, die voraussehen, dass ein gegnerischer Spieler den Ball bekommen wird, weshalb sie sich schon im Vorfeld auf ihn stürzen. Es kommt somit vor, dass sie ihn tackeln, bevor er den Ball erhalten hat. Das nennt man »zu frühes Tackeln«. Dieses gefährliche Spiel kann einen Straftritt nach sich ziehen sowie einen temporären oder dauerhaften Platzverweis des schuldigen Spielers.

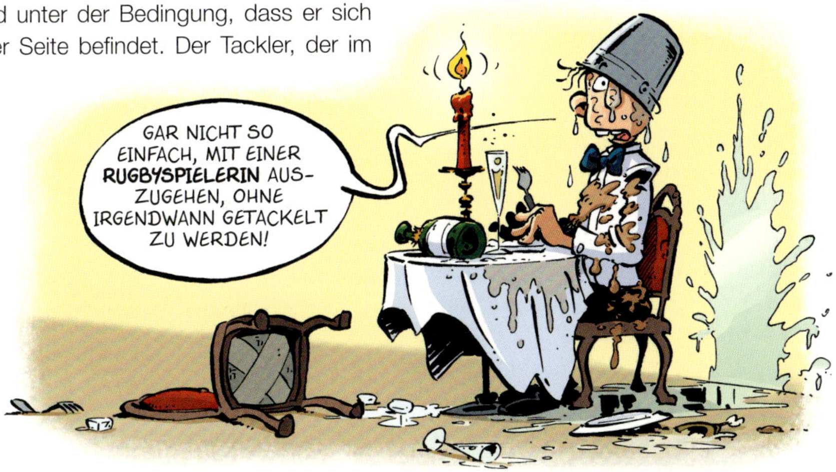

KICKEN

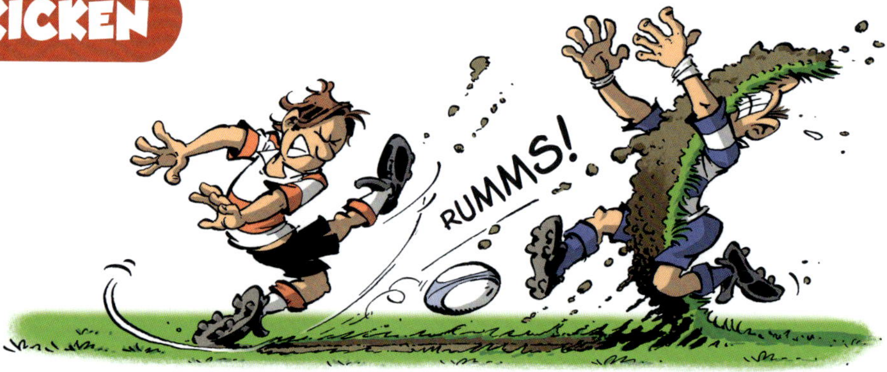

Wann darf gekickt werden?

Jederzeit, vorausgesetzt, der Spieler ist in Ballbesitz. Mit dem Kicken kann die Spielsituation verlagert, Raum gewonnen und das Lager befreit; sogar Punkte können erzielt werden. Es ist somit, was das taktische Spiel angeht, ebenso wichtig wie das Werfen.

Was nennt man einen Sprungtritt (auch: Dropkick)?

Dabei handelt es sich um einen Tritt, bei dem man den Ball vor sich fallen fallen lässt und ihn direkt nach dem Abprall, wenn er wieder nach oben schnellt, kickt.

Der Drop kann im laufendem Spiel eingesetzt werden, aber auch bei einem Sprungtritt, einem Straf- und einem Erhöhungstritt sowie für den Antritt und den Wiederantritt.

Kann der Ball im Flug gekickt werden, ohne dass er zuvor den Boden berührt hat?

Ja – unter der Bedingung, dass die Sicherheit keines Gegners gefährdet ist.

Was ist eine »Bogenlampe«?

Ein sehr hoch in die Luft geschossener Ball. Der Treter und seine Teamkollegen stürzen sich meist ihm hinterher, um ihn zu erreichen, wenn er wieder herunterfällt. Eine Bogenlampe ist ein sehr gutes Mittel, um Druck auf den Gegner auszuüben und die Selbstsicherheit sowie die Nervosität des Schlussmanns einer Mannschaft als letztem Verteidigungsposten zu testen. Einen sehr hohen Ball zu fangen, mit dem Wissen, dass sich eine ganze Meute auf ihn stürzen wird, kann extremen Stress auf den betroffenen Spieler ausüben …

Was ist ein Zentrierungsschuss?

Ein (nur noch selten zu sehender) Schuss, der im Laufen gekickt wird, wenn der Spieler sich sehr nah an der Seitenauslinie befindet oder Gefahr läuft, von seinen Gegnern ins Seitenaus befördert zu werden. Der Spieler schießt den Ball in Richtung Spielfeldmitte, wo seine Mitspieler ihn annehmen und den Angriff fortsetzen können. (Heute will man den Ball so lange wie möglich behalten und die gegnerische Abwehr mit allen Mitteln aus dem Gleichgewicht bringen.)

Warum versuchen Spieler, den Ball ins Aus zu befördern?

Um Raumgewinn zu erzielen und dabei das Lager zu »befreien«. Unter bestimmten Bedingungen (siehe den Abschnitt »Gasse«) wird das Spiel an die Stelle verlagert, an der der Ball ins Aus gegangen ist. In den letzten Jahren sieht man das allerdings nur noch selten. Meistens ziehen es die Spieler vor, den Ball gerade nach vorne zu bringen, um die Gegner abzuschütteln und den Druck umzukehren. Das ermöglicht ihnen in der Regel, eine erste effiziente Verteidigungsreihe zu bilden, die in der Lage ist, jegliches Aufholen der Gegner zu verhindern und das gegnerische Lager zu beschäftigen.

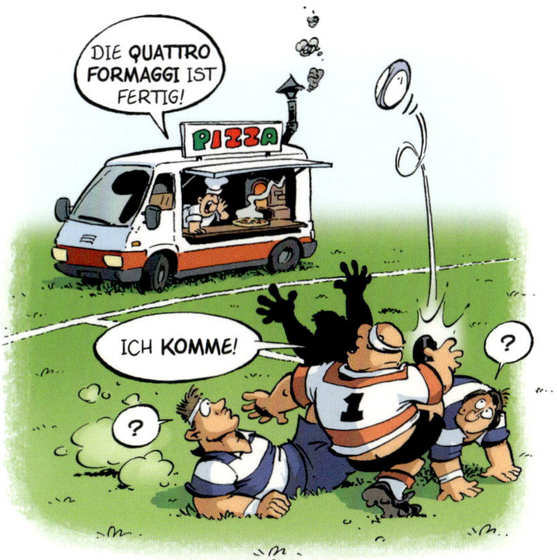

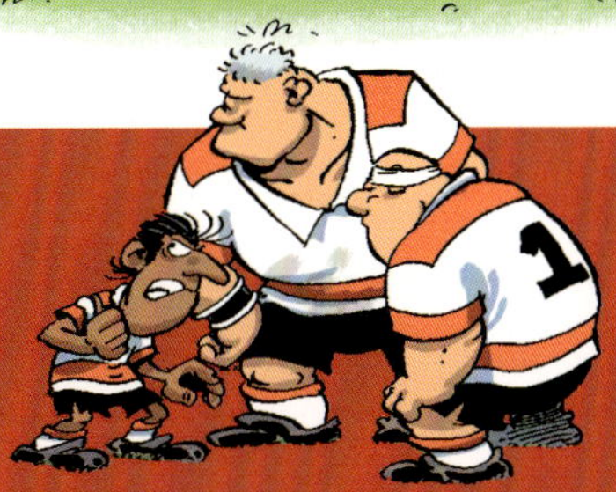

Mehr Details:

Was geschieht, wenn der Ball durch einen Kick außerhalb der Grenzen des Malfelds geschossen wird?

Das hängt davon ab, wer ihn dorthin geschossen und so den Ball »tot« gemacht hat.

Wenn es sich um einen Angreifer handelt, hat der Verteidiger zwei Möglichkeiten:

- Den Schuss akzeptieren und das Spiel fortsetzen mit einem 22-m-Antritt (Tritt von jedem beliebigen Punkt vor der 22-m-Linie aus, während die Gegner hinter dieser Linie stehen müssen).
- Ein Gedränge fordern (mit eigenem Einwurf) an der Stelle, an der der Angreifer den Ball geschossen hat.

Wenn es sich um einen Verteidiger handelt, der den Ball »tot« gemacht hat, hängt alles davon ab, wer den Ball ins Malfeld befördert hat:

- Wenn es der Angreifer war, erhält der Verteidiger einen 22-m-Antritt).
- Wenn es der Verteidiger war, der den Ball ins Malfeld beförderte, wird 5 m von der Malfeldendauslinie ein Gedränge für das angreifende Team gegeben.

VERSUCH UND MALFELD

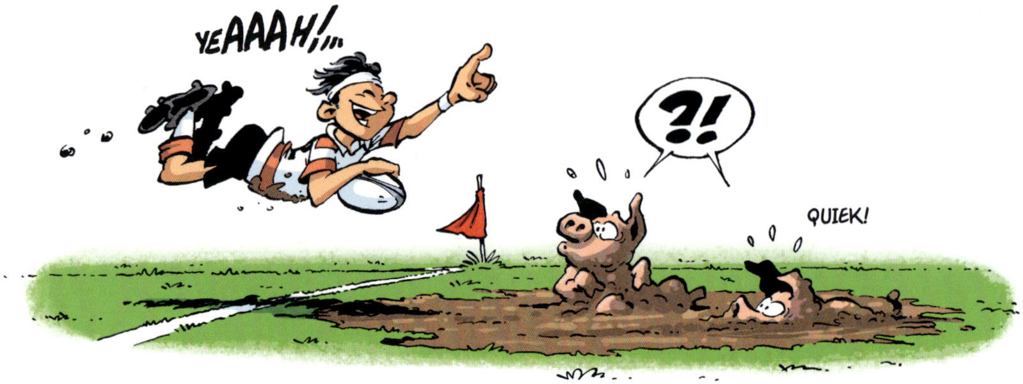

Was ist ein Versuch?

Wenn ein Spieler den Ball im gegnerischen Malfeld ablegt, ohne ihn loszulassen, mit einer Druckbewegung von oben nach unten, spricht man von einem Versuch. Er ist fünf Punkte wert und bietet die Möglichkeit für einen Erhöhungstritt (siehe S. 44). Ein Versuch ist es auch, wenn der Ball auf dem Boden gegen eine Malstange oder auf der Mallinie abgelegt wird und wenn sich ein Spieler auf den bereits im gegnerischen Malfeld befindlichen Ball wirft – sofern der Ball mit dem Körperbereich zwischen Hüfte und Hals abgelegt wurde.

Wann kann ein Versuch abgelehnt werden?

Wenn sich ein Bereich des Körpers des Spielers im Aus befindet, d.h. auf Höhe der Seitenauslinie oder dahinter. (Achtung: Wenn aber ein angreifender Spieler sich auf einen bereits im Malfeld befindlichen Ball wirft und ein Teil seines Körpers im Aus oder Malfeldseitenaus ist, wird der Versuch gegeben.) Wenn sich stattdessen ein angreifender Spieler auf einen bereits im Malfeld befindlichen Ball wirft und ein Teil seines Körpers im Aus oder Malfeldseitenaus ist, sich aber deutlich des Balls bemächtigt, bevor er ihn ablegt, wird der Versuch abgelehnt. Den Ball zu ergreifen, bedeutet, dass der Ball von dem Spieler getragen wird: Der Teil seines Körpers, der sich außerhalb der Spielfeldgrenzen befindet, macht den Versuch ungültig. Zusammenfassend bedeutet dies, dass in der ersten der beiden beschriebenen Situationen der Ball nicht von dem Angreifer getragen wird. Der Versuch ist somit gültig. In der zweiten Situation wird der Ball deutlich in beiden Händen gehalten vor dem Erzielen des Versuchs. Der Versuch ist nicht gültig.

Zwei Sonderfälle

Wenn ein balltragender Spieler den Eckpfosten vor dem Ablegen berührt, ist der Versuch gültig. Legt er den Ball an der Basis des Eckpfostens ab, ist der Versuch ungültig.

Kann man einen Versuch gegen sein eigenes Team erzielen?

Nein! Rugby ist eine der wenigen Sportarten, bei denen es unmöglich ist, ein »Eigentor« (Punkte gegen das eigene Team) zu erzielen.

Was geschieht, wenn ein Verteidiger den Ball im eigenen Malfeld ablegt?

Das hängt davon ab, wer den Ball ins Malfeld gebracht hat: Wenn es der Verteidiger oder ein Spieler der eigenen Mannschaft ist, gibt es ein Gedränge 5 m vom Malfeld mit Einwurf für die gegnerische Mannschaft. Wenn es jedoch ein gegnerischer Spieler war, der den Ball ins Malfeld gebracht hat, gibt es einen 22-m-Antritt (dieser Tritt wird von überall vor der 22-m-Linie ausgeführt, wobei die gegnerischen Spieler hinter der-22-m-Linie bleiben müssen).

Die Aktion, den Ball im eigenen Malfeld abzulegen, nennt man »Handauf«.

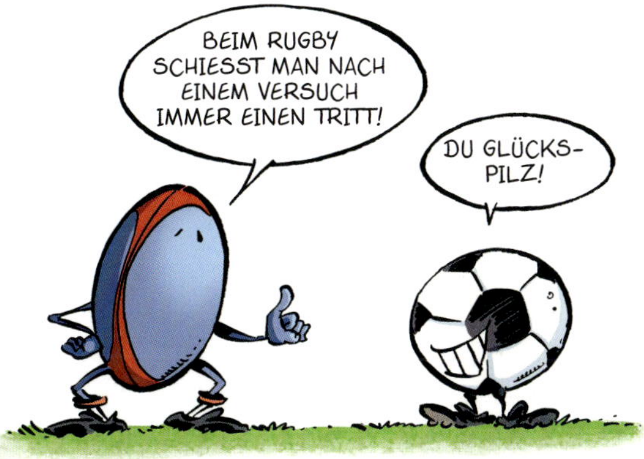

Warum ist es besser, einen Versuch zwischen den Malstangen zu erzielen?

Weil der anschließende Erhöhungstritt dann direkt vor den Malstangen geschossen wird und somit viel einfacher zu verwandeln ist.

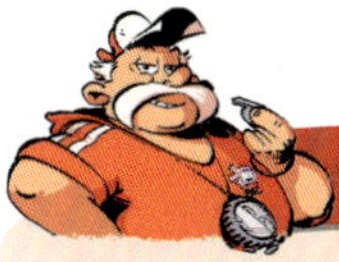

Anekdote

Warum heißt es »Versuch«?

In den ursprünglichen Rugby-Football-Regeln wurden mit dem Ablegen des Balles im Malfeld keine Punkte erzielt. Dies ermöglichte nur den Versuch eines Trittes nach den Malstangen, der dann einen Punkt einbringen konnte. Durch das Ablegen des Balls im Malfeld bekam man also das Recht zu einem »Versuch« – einen Treffer zu erzielen …

Was ist ein Strafversuch?

Ein Versuch, den der Schiedsrichter derjenigen Mannschaft zuspricht, die wahrscheinlich einen Treffer erzielt hätte (oder in einer günstigen Position dafür gewesen wäre), wenn die Gegner nicht mehrere Fouls begangen oder sonstwie unfair gespielt hätten.

Wenn der Schiedsrichter einen Strafversuch gibt, muss eine zweite Sanktion angewendet werden und zwar eine gelbe Karte für den Spieler, der die Regelwidrigkeit begangen hat.

Seit 2018 gibt es keine Erhöhung eines Strafversuchs mehr. Der Strafversuch bringt automatisch sieben Punkte ein.

ERHÖHUNG EINES VERSUCHS

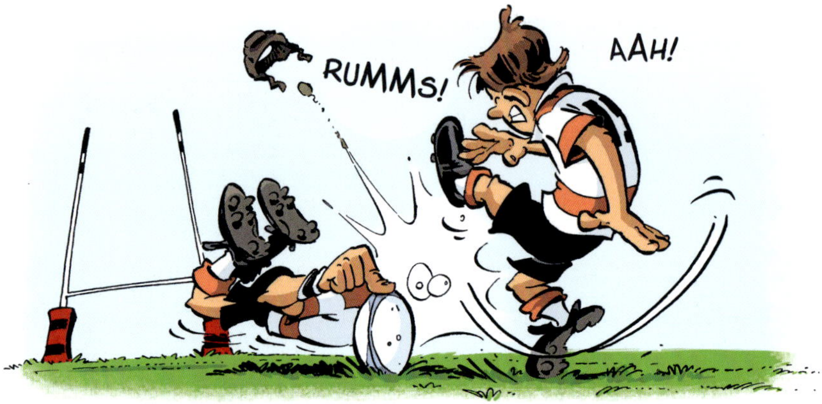

Was ist ein Erhöhungstritt?

Dabei handelt es sich um einen Tritt, der nach dem Erzielen eines Versuchs geschossen werden darf. Es geht darum, den Ball zwischen die Malstangen zu bringen. Der Ball kann als Platztritt oder als Sprungtritt (Ball vor sich fallen lassen und direkt nach dem Zurückspringen vom Boden treten; siehe S. 48) ausgeführt werden. Der Treter hat 90 Sekunden ab dem Zeitpunkt, zu dem der Versuch gegeben wurde, Zeit, um diesen auszuführen (auch wenn der Ball umfällt und neu platziert werden muss). Alle Mitspieler des Treters, mit Ausnahme von dem, der den Ball auf dem Boden platziert (oder gehalten) hat, müssen sich hinter dem Ball aufhalten. Die Gegner ihrerseits müssen sich (mindestens) zehn Meter vom Treter entfernen. Sie dürfen sich weder bewegen noch schreien, um ihn abzulenken. Erst wenn der Treter seinen Anlauf startet, um zu treten, dürfen die Gegner anlaufen und versuchen, den Treffer zu verhindern. Eine erfolgreiche Erhöhung bringt dem ausführenden Team zwei Punkte.

Von wo muss ein Erhöhungstritt geschossen werden?

Von der Stelle, an der der Versuch gelegt wurde, auf einer imaginären Linie parallel zur Seitenauslinie. Auf dieser imaginären Linie kann der Treter stehen, wo er will.

Was geschieht, wenn der Ball bei einem Erhöhungstritt die Stangen berührt?

Wenn er abprallt, aber zwischen den Stangen durchgeht, ist der Erhöhungstritt gültig: Die ausführende Mannschaft erzielt somit zwei zusätzliche Punkte.

Wenn er nicht zwischen die Stangen geht, muss sich die Mannschaft mit den fünf Punkten des Versuchs zufrieden geben.

Was ist ein »Tee«?

Eine kleine Aufsetzhilfe aus Kunststoff, die dazu dient, den Ball am Boden zu halten; in der Position, die für den Treter am geeignetsten ist. Bei bedeutenden Spielen kann der Tee von einem kleinen ferngesteuerten Fahrzeug zum Treter gebracht werden, sehr zur Freude des Publikums. Der Treter kann aber auch Sand, Sägemehl oder einen kleinen Erdhügel nutzen, um den Ball zu halten.

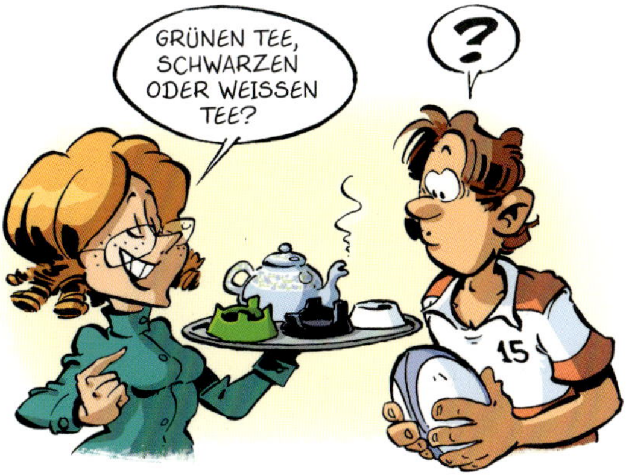

Wie wird das Spiel nach einem Erhöhungstritt fortgesetzt?

Unabhängig davon, ob die Erhöhung erfolgreich war oder nicht, wird das Spiel auf Höhe der Mittellinie durch einen Spieler der Mannschaft, die den Versuch erzielt hat, fortgesetzt. Dieser Spieler (meistens der Verbindungshalb (Nr. 10) oder der Gedrängehalb (Nr. 9) tritt den Ball im Sprungtritt (siehe S. 48). Die Gegner müssen sich auf der anderen Seite der Mittellinie befinden (in ihrer Spielfeldhälfte), und die Teamkollegen des Treters dürfen diese Linie nicht übertreten, solange der Ball noch nicht getreten wurde.

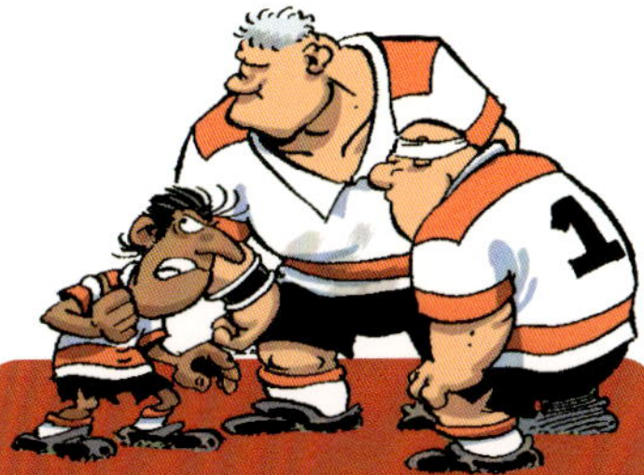

Mehr Details:

Nach der Wiederaufnahme des Spiels

Beim Wiederantritt nach einer Erhöhung muss der Ball zwangsläufig die gegnerische 10-m-Linie überqueren, wie beim Antritt zu Beginn des Spiels. Macht er dies nicht, so sind die Konsequenzen die gleichen (siehe Spielbeginn) – es sei denn die gegnerische Mannschaft entscheidet sich, den Ball zu spielen. Im letzteren Fall geht das Spiel ganz normal weiter …

Zum Beispiel: Ein Spieler von Paillar tritt einen Wiederantritt, der die regelkonformen zehn Meter nicht überquert. Ein Gegner nimmt diesen Wiederantritt an und begeht einen »Vorpass«. Es gibt folglich ein Gedränge mit Einwurf für das Team von Paillar, da dieses nicht verantwortlich für den Vorpass ist.

STRAFTRITT, FREITRITT, SPRUNGTRITT

Neben dem Erhöhungstritt können auch mit dem Sprung- und dem Straftritt Punkte erzielt werden. Nur beim Freitritt ist das nicht der Fall ...

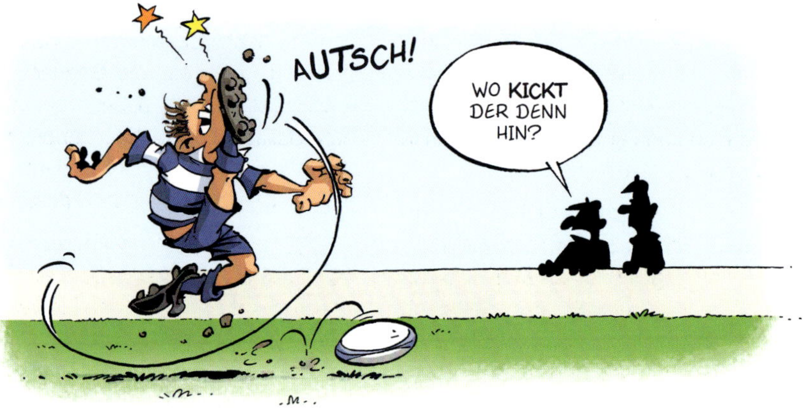

Was ist ein Straftritt?

Eine vom Schiedsrichter gepfiffene Sanktion, wenn ein Foul begangen wurde. Die gefoulte Mannschaft kann den Straftritt per Hand oder als Tritt ausführen. In allen Fällen muss sich das gegnerische Team zehn Meter vom Ort des Fouls entfernen (man spricht deshalb auch von einem »10 m-Antritt«).

Zusatzinfo

Der 10-m-Antritt

Wenn der Schiedsrichter einen Straftritt pfeift, muss sich die schuldige Mannschaft zehn Meter von dem Ort, an dem das Foul begangen wurde, entfernen. Nur wenn die eigene Mallinie weniger als zehn Meter entfernt ist, dürfen die Gegner natürlich auf dieser bleiben, um sie zu schützen.

Wie wird er geschossen?

Es gibt verschiedene Optionen:

- Sie können sich für einen Raumgewinn entscheiden und den Ball ins Aus treten, mit dem Wissen, dass sie von einem Wiederantritt profitieren werden.
- Sie können sich ebenso für eine Bogenlampe als Fortsetzung entscheiden oder einen Pass schießen.
- Sie können versuchen, direkt drei Punkte zu erzielen, indem sie den Rugbyball zwischen die Malstangen über die Querstange treten.

Der Straftritt wird immer von dem Ort aus geschossen, an dem das Foul begangen wurde. Der Treter hat die Wahl: Er kann den Ball vor sich fallen lassen und ihn nach dem Abprall treten oder ihn auf den Boden legen, auf einen Tee zum Beispiel. Er hat eine Minute Zeit, um seinen Tritt auszuführen. Während dieser Zeit darf die gegnerische Mannschaft ihn nicht angreifen.

Und wenn der Ball in dem Moment, in dem der Spieler sich bereit macht, ihn zu treten, wegrollt?

Wenn ein Spieler sich bereit macht, einen Straftritt zu treten, dürfen die Gegner ihn nicht angreifen. Fällt nun also der Ball, den der Spieler sorgfältig auf dem Boden platziert hat, um oder rollt weg, so kann er ihn neu platzieren in der verbleibenden Zeit (eine Minute).

Aber bei einem Erhöhungstritt nach einem Versuch dürfen die Gegner angreifen, sobald der Treter anzulaufen beginnt. In diesem Fall, wenn der Treter die Gegner auf sich zustürzen sieht, hat er keine Zeit, den Ball neu zu platzieren, wenn dieser umfällt oder wegrollt. Er kann nun versuchen, seinen Erhöhungstritt im Sprungtritt zu treten – aber es ist wohl besser für ihn, wenn er sich beeilt …

Was ist ein Freitritt?

Hierbei handelt es sich um einen Tritt, der einer Mannschaft zuerkannt wird für ein geringeres Foul der Gegner. Die Mannschaft, der der Freitritt zugesprochen wird, darf nicht direkt einen Tritt nach dem Mal versuchen. Sie können dies erst tun, wenn die Gegner den Ball berührt (oder gespielt) haben oder nachdem sie den Ballträger getackelt haben. Möglich ist dies auch, wenn der Ball »totgemacht« wurde, weil er die Malfeldgrenzen verlassen hat.

Die Spieler, denen ein Freitritt zuerkannt wurde, haben die Wahl, stattdessen in ein Gedränge zu gehen. Sie dürfen dann den Einwurf ausführen. Allerdings finden die oben erläuterten Einschränkungen auch bei diesem Gedränge Anwendung: Nach dem Verlassen des Balles aus dem Gedränge darf nicht nach dem Mal getreten werden.

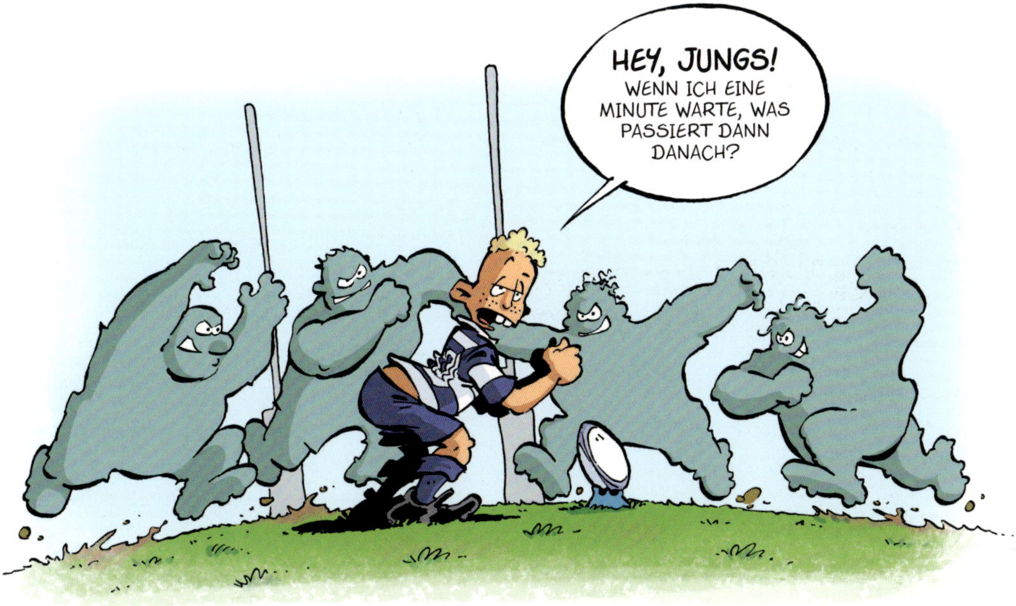

Was ist ein Sprungtritt?

Dieser (auch Dropkick genannte) Tritt kann im laufenden Spiel von jeder Stelle des Platzes aus gespielt werden. Er wird ausgeführt, indem man den Ball zunächst vor sich fallen lässt und ihn dann direkt nach dem ersten Zurückspringen vom Boden tritt. Das Ziel besteht darin, den Ball zwischen die Malstangen über die Querstange zu schießen. Wenn dies gelingt, bringt der Sprungtritt drei Punkte ein.

Heutzutage versuchen viele Mannschaften einen Sprungtritt unabhängig von ihrem Niveau (wegen der verstärkten Verteidigung). In jedem Fall ist es von großem Vorteil, einen guten »Dropkicker« in seinem Team zu haben, um viele Punkte zu erzielen.

Wie wird das Spiel nach einem Sprungtritt oder einem Straftritt fortgesetzt?

Wenn der Ball zwischen den Stangen hindurchgegangen ist, wurden drei Punkte erzielt. Das Spiel wird also an der Mittellinie von einem Spieler des punkteerzielenden Teams fortgesetzt. Dieser Spieler tritt den Ball im Sprungtritt. Die Gegner müssen sich auf der anderen Seite der Mittellinie (auf ihrer Seite) aufhalten, und die Mitspieler des Treters dürfen diese Linie nicht überschreiten, solange der Ball noch nicht getreten wurde.

Wenn der Ball nicht zwischen den Malstangen hindurchgegangen ist, geht das Spiel ganz normal weiter …

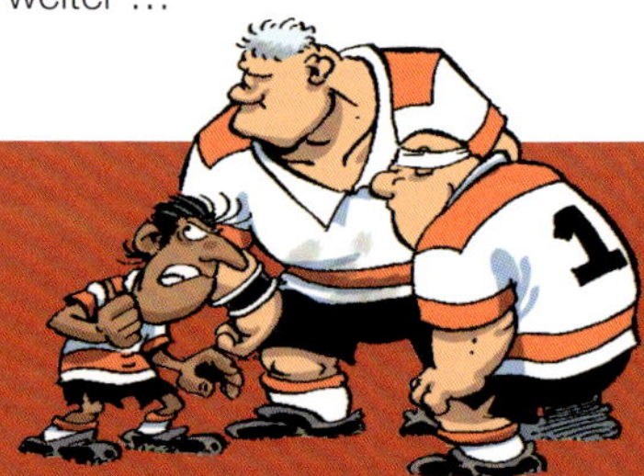

Mehr Details:

Wenn der Ball nicht zwischen den Malstangen ankommt …

… gibt es verschiedene Szenarien:

- **Wenn der Ball nicht die Mallinie erreicht**, wird er für gewöhnlich von einem Verteidiger gefangen, der eine »Marke« machen kann (Ball fangen und gleichzeitig »Marke« rufen zum Stoppen des Spiels …, siehe auch S. 50).
- **Wenn der Ball im Malfeld landet**, kann ein Verteidiger ebenfalls eine Marke machen oder den Ball in seinem Malfeld ablegen, um einen »22-m-Antritt« (Tritt von jedem beliebigen Punkt vor der 22-m-Linie aus, während die Gegner hinter dieser Linie stehen müssen) für sein Team zu holen.
- **Wenn der Ball gegen die Malstangen springt,**, geht das Spiel normal weiter.
- **Wenn der Ball »tot« gemacht wird** (er also die Malfeldendauslinie oder Malfeldseitenauslinien überquert), setzt man das Spiel mit einem 22-mAntritt fort. Die Verteidiger können in keinem Fall ein Gedränge an der Stelle, von der aus der Ball getreten wurde, einfordern.

22-METER-ANTRITT

Auch wenn dieser recht spezielle Wiederantritt schon einige Male auf den vorigen Seiten erwähnt wurde, so verdient er hier doch noch einige zusätzliche Erläuterungen ...

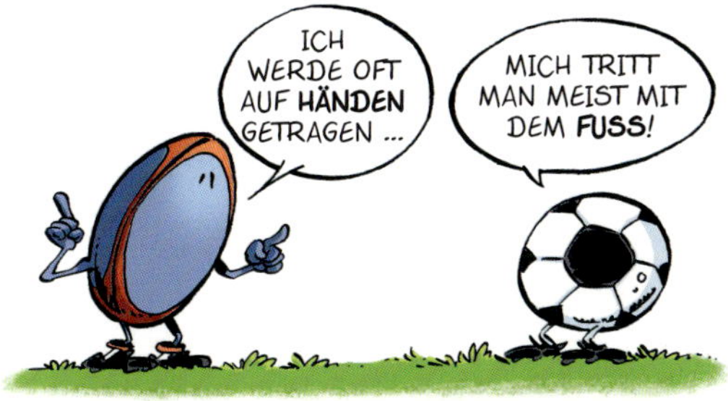

Was ist ein 22-m-Antritt?

Ein Tritt, der der verteidigenden Mannschaft zugesprochen wird, um das Spiel fortzusetzen. Er muss als Sprungtritt (Ball vor sich fallen lassen und direkt nach dem Zurückspringen treten) von jedem beliebigen Punkt hinter der eigenen 22-m-Linie aus getreten werden. Die Mitspieler des Treters müssen hinter dem Ball stehen, während die gegnerische Mannschaft auf der anderen Seite der 22-m-Linie stehen muss. Der Treter kann versuchen, den Ball sehr weit zu treten (in diesem Fall spricht man von einem langen Wiederantritt). Er kann ihn aber auch zu sich selbst passen mit dem Fuß, um einen schnellen Angriff zu starten (dann spricht man von einem kurzen Wiederantritt).

Wann wird er ausgeführt?

Es gibt zwei Fälle, für die eine Mannschaft einen 22-m-Antritt zuerkannt bekommt:

- Wenn ein Verteidiger den Ball in seinem eigenen Malfeld ablegt, wobei dieser vom Gegner in diesen Bereich gebracht wurde (man nennt dies »Handauf«).
- Wenn der von dem Gegner getretene Ball die Grenzen des Malfelds überschreitet (Malfeldseitenauslinie oder Malfeldendauslinie). In diesem Fall haben die Verteidiger jedoch die Wahl zwischen einem 22-m-Antritt oder einem Gedränge an der Stelle, von der aus der Ball getreten wurde, um das Spiel wiederaufzunehmen.

Was geschieht, wenn der Ball nach dem Wiederantritt die 22-m-Linie nicht überquert?

Das gegnerische Team hat die Wahl: Entweder der Tritt wird wiederholt, oder es findet ein Gedränge in der Mitte der 22-m-Linie statt (mit eigenem Einwurf).

Was geschieht, wenn der Ball nach einem 22-m-Antritt direkt ins Seitenaus geht?

Auch hier hat das gegnerische Team die Wahl. Aber dieses Mal sogar zwischen drei Optionen: Sie kann den Tritt wiederholen lassen, ein Gedränge in der Mitte der 22-m-Linie einfordern oder eine Gasse auf der 22-m-Linie.

MARKE

Die Marke wurde bereits auf den vorherigen Seiten erwähnt, aber auch sie verdient noch einige Zusatzinformationen …

Was ist eine Marke?

Bei einer Marke fängt ein Verteidiger den Ball in seinem 22-m-Raum. Der Ball muss vollständig den 22-m-Raum erreichen und von einem gegnerischen Spieler getreten worden sein (nicht von einem Verteidiger des eigenen Teams!). Sobald der Verteidiger den Ball in seinen Armen blockiert, muss er »Marke!« rufen, und das Spiel wird unterbrochen. Während er ruft, müssen seine Füße nicht den Boden berühren; er kann den Ball mit einem kleinen Sprung in die Luft fangen.

Aber, Achtung: »Eine Marke kann nicht nach einem Antritt gemacht werden, ausgenommen einem 22-m-Antritt«, heißt es im Regelwerk des Weltverbands.

Wenn ein Verteidiger eine Marke macht, schützt er sich vor dem verheerenden Angriff der Gegner, die sich meist auf die Verfolgung des Balls gestürzt haben (zumindest sofern die Gegner ihn »Marke!« rufen hörten).

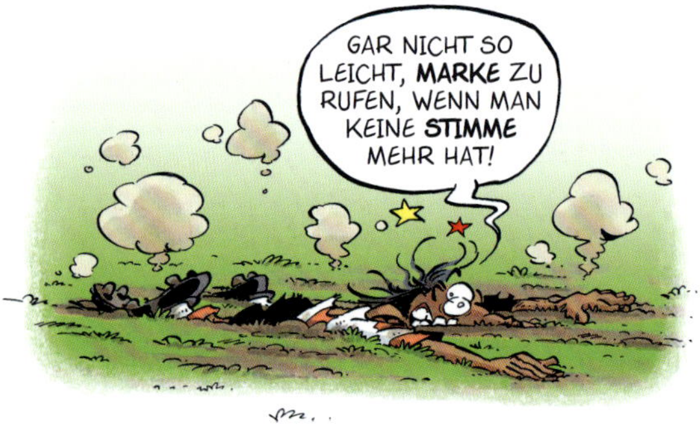

Wie nimmt man danach das Spiel wieder auf?

Der Spieler, der eine Marke gemacht hat, bekommt einen Tritt an der Stelle der »Marke« (wo er den Ball im Flug gefangen hat) zuerkannt. Er hat eine Minute Zeit, ihn zu treten. Er kann ihn direkt ins Seitenaus treten (um das Spiel dahin zu verlagern, wo der Ball die Spielfeldgrenzen überschreiten wird) oder ihn sich selbst zupassen, um das Spiel anschließend neu zu starten oder den Ball zu einem Mitspieler zu passen.

Die Gegner müssen sich 10 m zurückziehen. Man kann auch ein Gedränge einfordern an der Stelle, an der die Marke stattfand. Aber, Achtung: Wenn die Marke im Malfeld stattfand, erfolgt der Tritt (oder das Gedränge) 5 m von der Mallinie entfernt, gegenüber dem Punkt, an dem der Ball gefangen wurde.

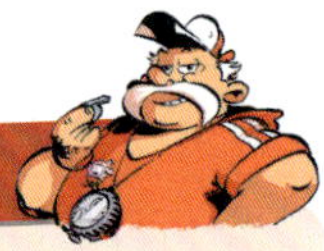

Anekdote

In den Anfängen des Sports brachte nur der Erhöhungstritt Punkte ein. Um ihn auszuführen, musste der Spieler vorher den Ball durch einen Pass von einem seiner Mitspieler, der sich im Malfeld befand, gefangen haben. Beim Fangen des Balls rief der Spieler also »Mark!«, um den Gegnern anzuzeigen, dass er versuchen wird, Punkte zu erzielen, und sie somit verpflichtet waren, sich ruhig zu halten … Das ist der Ursprung des Worts »Marke!«, das die Verteidiger heute bei diesem Spielelement rufen.

UNFAIRES SPIEL

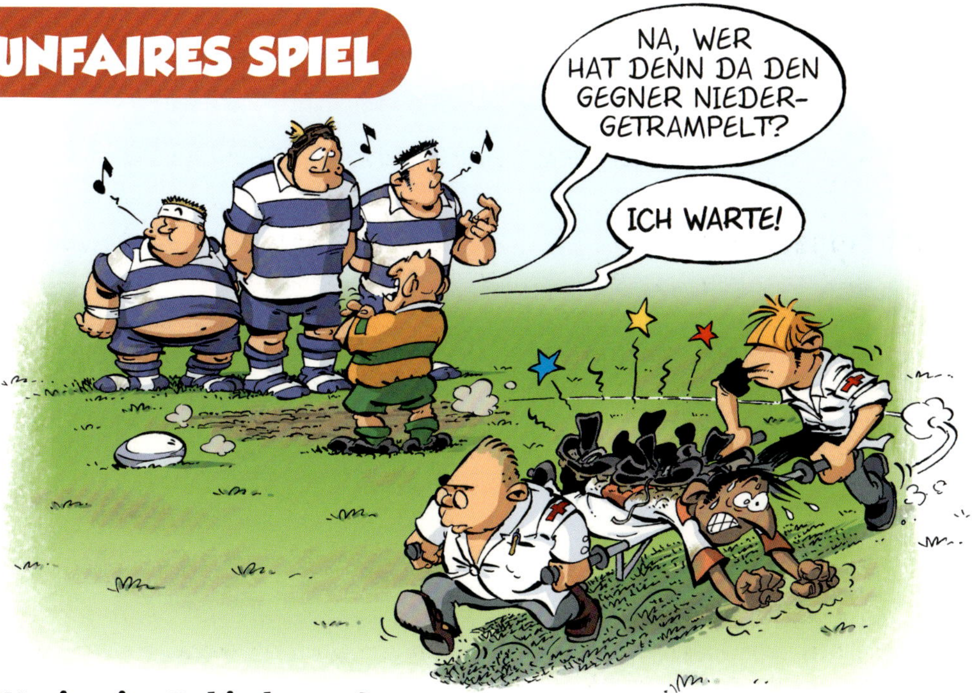

Was ist eine Behinderung?

Wenn der Gegner behindert wird, ohne den Ball spielen zu wollen. Beispielsweise kann sich ein Spieler so positionieren, dass er den Gegner daran hindert, den Ball zu spielen oder ihn zu fangen. Er kann sich auch vor einen seiner Mitspieler stellen, der im Ballbesitz ist, damit die Gegner ihn nicht tackeln können …

Strafe: Straftritt gegen die Mannschaft, die ihre Gegner behindert hat.

Was versteht man im Rugby unter unsportlichem Verhalten?

Dabei handelt es sich um alle von Spielern absichtlich begangenen Verstöße. Einer der bekanntesten ist die Zeitverzögerung – dass also absichtlich Zeit verzögert wird, um das eigene Team zu begünstigen. Aber es gibt noch viele andere Verstöße: am Trikot ziehen zum Beispiel oder den Ball absichtlich mit der Hand ins Seitenaus werfen, einen Gedrängehalb daran hindern, einen Tritt schnell auszuführen, indem der Ball weit weg geworfen wird, keinen schnellen Einwurf zu ermöglichen, indem man sich nicht 5 m zurückzieht …

Jeder Spieler, der willentlich gegen eine Regel verstößt, muss gerügt oder verwarnt werden mit der Konsequenz, dass er im Wiederholungsfall (oder wenn er einen ähnlichen Verstoß begeht) des Platzes verwiesen wird.

Strafe: Straftritt und ggf. gelbe Karte.

Zusatzinfo

Simulation

Jeder Spieler, der eine Verletzung vortäuscht, um den Schiedsrichter zu beeinflussen, muss bestraft werden. Die Art der Strafe obliegt der Entscheidung des Schiedsrichters, der (so vorhanden) auch den TV- oder Videoschiedsrichter zurate ziehen kann.

Was versteht man unter einem gefährlichen Spiel?

Jegliche Aktion, die den Gegner verletzen könnte, beispielsweise ihn zu schlagen, auf ihm herumzutrampeln oder ihn gefährlich zu tackeln (oberhalb der Schulter, zu spätes oder zu frühes Tackeln, Tackle aus dem Sprung …). Tritte und Beinstellen sind ebenfalls verboten, genauso wie Schläge mit der Faust, dem Ellenbogen oder dem Knie.

Strafe: Straftritt in Verbindung mit einer gelben oder sogar roten Karte.

Was geschieht bei wiederholten Regelverstößen?

Der Schiedsrichter verwarnt den Kapitän der entsprechenden Mannschaft, dass er bei einem weiteren Verstoß verpflichtet ist, die gelbe Karte zu ziehen.

Strafe: Straftritt in Verbindung mit einer gelben Karte für den zuletzt bestraften Spieler.

Welche Konzequenzen hat die gelbe Karte?

Eine Zeitstrafe von zehn Minuten auf der Ersatzbank, um über ein besseres Verhalten auf dem Rugbyspielfeld nachzudenken. Erhält derselbe Spieler eine zweite gelbe Karte, so entspricht dies einer roten Karte.

… und die rote Karte?

Sie bedeutet einen definitiven Platzverweis des Spielers, der zudem mindestens für ein weiteres Spiel gesperrt wird. Außerdem muss sein Verein eine Geldstrafe zahlen.

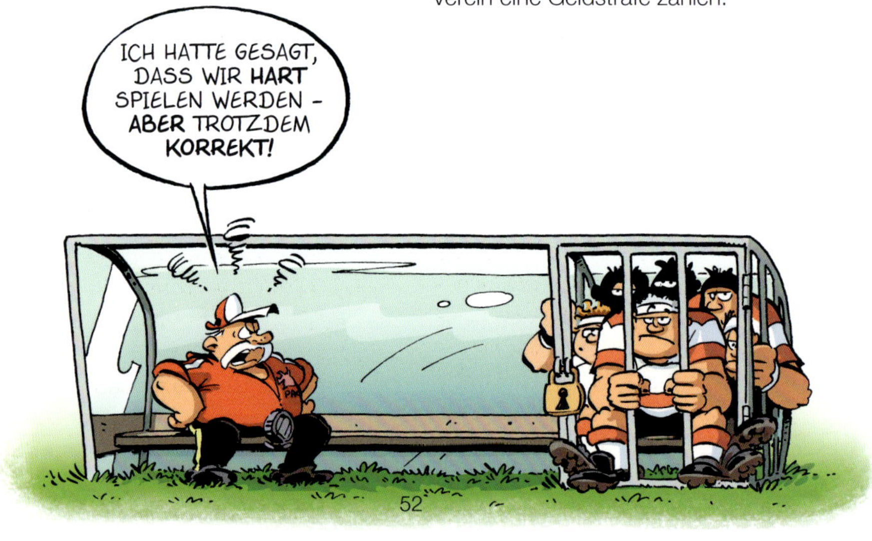

AUSWECHSLUNGEN

Ein Rugby-Union-Team besteht aus maximal 23 Spielern – 15 auf dem Platz plus (bei internationalen Spielen bis zu) acht Auswechselspieler.

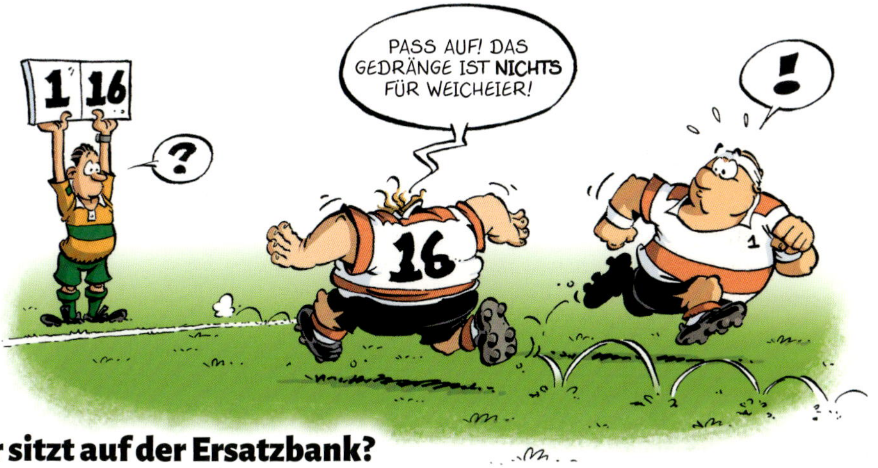

Wer sitzt auf der Ersatzbank?

Eine Regel gibt vor, dass von den 23 Spielern, aus denen eine Mannschaft besteht, 6 Spieler in der Lage sein müssen, in der Ersten Reihe zu spielen. Der Teamchef muss diese Vorgabe bei der Zusammenstellung seiner Ersatzbank berücksichtigen. Für die übrigen Auswechselspieler kann er seine Entscheidung frei treffen.

Wie erfolgt eine korrekte Auswechslung?

Die Auswechselspieler dürfen nur dann ins Spiel kommen, wenn der Ball »tot« und der Schiedsrichters einverstanden ist. Auswechslungen können **zeitweise** und **dauerhaft** sein. Der zeitweise Ersatz betrifft Spieler, die eine unkontrolliert und aktiv blutende Wunde erlitten haben haben oder bei denen der Verdacht auf eine Gehirnerschütterung gegeben ist. (Achtung: Der Ersatz eines Spielers, der als Folge von unfairem Spiel verletzt wurde, zählt nicht zu den zulässigen Auswechslungen.)

Dauerhafte Auswechslungen werden aufgrund von taktischen Entscheidungen des Trainers getätigt, oder wenn die Physis eines Spielers diesen am Weiterspielen hindert.

Wer darf eine dauerhafte Auswechslung aufgrund einer Verletzung vornehmen?

In einem Länderspiel darf ein Spieler nur ersetzt werden, wenn er nach Meinung eines Arztes so verletzt ist, dass es für diesen Spieler nicht ratsam ist das Spiel fortzusetzen. In anderen Spielen, wenn ein Verband die Erlaubnis dazu erteilt hat, kann ein Spieler auch auf Ratschlag einer medizinisch ausgebildeten Person

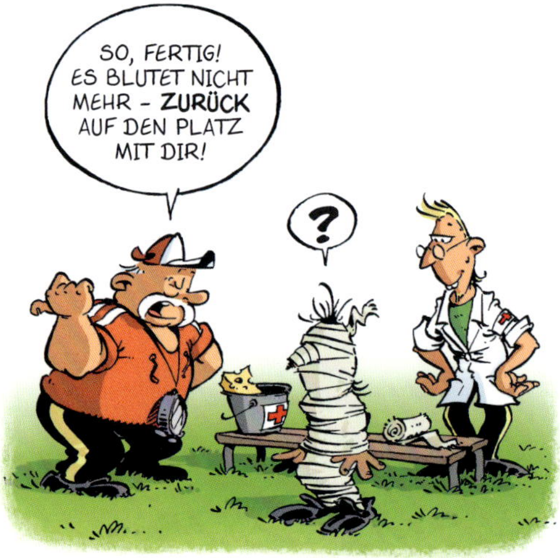

ersetzt werden. Falls keine solche Person anwesend ist, kann der Spieler mit Zustimmung des Schiedsrichters ersetzt werden.

Wer darf zeitweise ersetzt werden?

Wenn ein Spieler eine blutende Wunde hat, die unkontrolliert und aktiv blutet, kann dieser zeitweise ersetzt werden. Der verletzte Spieler muss auf das Spielfeld zurückkehren sobald die Blutung unter Kontrolle und/oder abgedeckt ist. Wenn er nicht innerhalb von 15 Minuten zurückkehrt, wird die Auswechslung dauerhaft und der Spieler darf nicht mehr am Spiel teilnehmen.

Auch wenn ein Spieler das Spielfeld verlässt um sich der Kontrolle einer Kopfverletzung (Verdacht auf Gehirnerschütterung) zu unterziehen, darf er zeitweise ersetzt werden. Falls er nicht innerhalb von 10 Minuten auf das Spielfeld zurückkehrt, wird die Auswechslung dauerhaft und der Spieler darf nicht mehr am Spiel teilnehmen.

Was bedeutet »Coaching«?

Eine taktische Auswechslung, bei der es zum Beispiel darum geht, einen guten Spieler im richtigen Moment auf den Platz zu schicken – oder einen noch frischen Spieler, der bei bestimmten Spielphasen etwas erreichen kann. Solche taktischen Erwägungen gelten für alle Spieler, aber besonders für die in der Ersten Reihe, da sie zu jedem Zeitpunkt ins Spiel zurückkehren können.

Was geschieht, wenn kein Ersatz für einen Erste-Reihe-Spieler verfügbar ist?

Dann sind die Gedränge unumkämpft, was bedeutet, dass sie ohne Schub stattfinden und immer die einwerfende Mannschaft auch den Ball gewinnt. Aber, Achtung: Eine »franko-französische« Regel sieht vor, dass das Team, für das das unumkämpfte Gedränge stattfindet, auf vierzehn reduziert wird (um jeglichen Betrug seitens eines Teams, das sich die Gedränge ersparen will, zu verhindern).

Kann ein vom Schiedsrichter des Spielfelds verwiesener Spieler ersetzt werden?

Nur, wenn es sich um einen Erste-Reihe-Spieler handelt. Das Team des bestraften Spielers muss aber das Spiel in jedem Fall zu vierzehnt fortsetzen. Das heißt: Ein Spieler auf einer anderen Position muss dann das Spielfeld verlassen, damit die Anzahl wieder stimmt.

HALBZEITPAUSE

Nach 40 Minuten Spielzeit gibt es eine maximal 15-minütige Halbzeitpause für die Spieler – und für die Zuschauer.

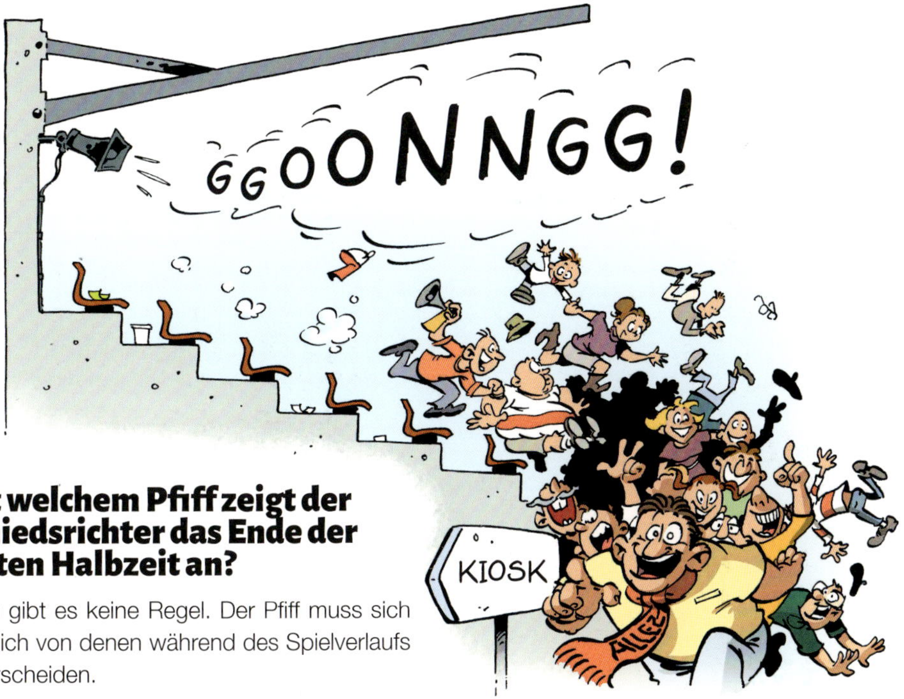

Mit welchem Pfiff zeigt der Schiedsrichter das Ende der ersten Halbzeit an?

Dazu gibt es keine Regel. Der Pfiff muss sich lediglich von denen während des Spielverlaufs unterscheiden.

Unmissverständlich ist in jedem Fall der Stadiongong, der Spielern und Zuschauern signalisiert, dass die Pause beginnt.

Endet das Spiel zwangsläufig nach Ablauf von 40 Minuten?

Das Spiel kann nur angehalten werden, wenn der Ball »tot« ist. Eine Halbzeit kann also länger als die regulären 40 Minuten dauern, um den laufenden Spielzug noch zu beenden, auch wenn der Gong bereits ertönt ist.

Wie geht es nach der Pause weiter?

Die beiden Mannschaften wechseln die Spielfeldseite. Der Schiedsrichter kann gegebenenfalls vor dem Beginn erneut die Ausrüstung der Spieler kontrollieren. Der Antritt wechselt: Nun führt führt jenes Team den Antritt zur zweiten Halbzeit aus, das ihn zum Beginn der ersten Halbzeit angenommen hatte.

Mehr Details:

Das Regelwerk des Deutschen Rugby-Verbandes

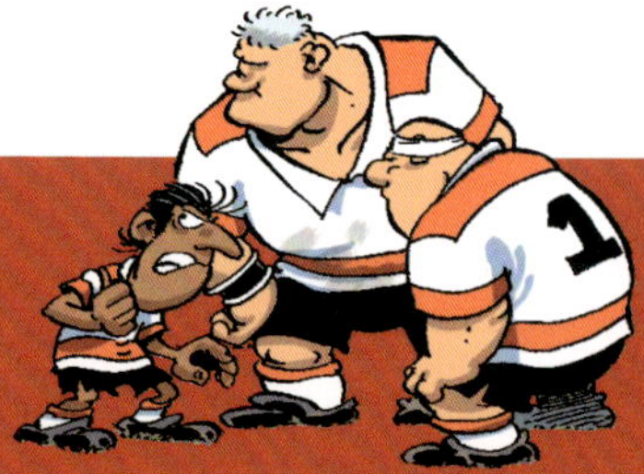

Das von der Schiedsrichtervereinigung (SDRV) im Deutschen Rugby-Verband (DRV, siehe S. 99) erstellte Regelwerk ist im Internet als PDF abrufbar (www.drvreferees.de/laws). Es basiert auf dem im Januar 2016 erschienenen Handbuch des Weltverbands (WR; in Zweifelsfällen ist der in diesem Handbuch veröffentlichte Originaltext ausschlaggebend). Einige Regeln wurden aus Sicherheitsgründen modifiziert. Hinzu kommen je nach Altersklasse individuell angepasste Regeln für Schüler.

Zu diesem Regelwerk gehört auch eine Charta des Spiels, in der unter anderem die folgenden Prinzipien formuliert werden, auf der die Regeln des Rugbys basieren:

Ein Sport für alle: Die Regeln gestatten Spielern mit unterschiedlichem Körperbau, Fähigkeiten, Geschlecht und Alter, auf ihrem Niveau der Fähigkeit in einer kontrollierten, konkurrierenden und angenehmen Umgebung teilzunehmen. Es ist für alle Spieler verpflichtend, umfassende Kenntnisse über Regeln des Spiels zu haben und sie zu verstehen.

Erhaltung der Identität: Die Regeln stellen sicher, dass die charakteristischen Merkmale des Rugbys wie Gedränge, Gasse, Paket, Ruck, Antritt und Wiederbeginn aufrechterhalten werden. Ebenso die Schlüsseleigenschaften in Bezug auf Kampf und Kontinuität.

Freude und Unterhaltung: Die Regeln stellen den Rahmen für ein Spiel zur Verfügung, welches Freude am Spielen vermittelt und unterhaltsam für die Zuschauer ist. Gelegentlich erscheinen diese Zielsetzungen, die Freude und Unterhaltung zu erhöhen und es den Spielern zu ermöglichen, ihren Fähigkeiten freien Lauf zu lassen, unverträglich zu sein. Um die richtige Balance zu erzielen, stehen die Regeln unter ständiger Überprüfung.

Anwendung: Es gibt eine vorrangige Verpflichtung der Spieler, die Regeln einzuhalten und die Prinzipien des Fairplay zu respektieren.

Die Regeln sind so anzuwenden, dass die Grundprinzipien des Spiels sichergestellt werden. Der Schiedsrichter und die Seitenrichter können dies durch Fairness, Kontinuität, Sensibilität und, auf höchstem Niveau, durch Management erzielen. Im Gegenzug liegt es in der Verantwortung der Trainer, Kapitäne und der Spieler, die Autorität der Schieds- und Seitenrichter zu respektieren.

ENDE DES SPIELS

Wann muss der Schiedsrichter das Ende des Spiels durch Pfiff anzeigen?

Beim Ablauf der 80-minütigen Regelspielzeit wartet der Schiedsrichter noch den laufenden Spielzug ab, ehe er dreimal pfeift, um das Spiel zu beenden. Wenn noch ein Straftritt oder ein Erhöhungstritt ausgeführt werden müssen und zum Zeitpunkt dieses Trittes noch eine Sekunde verbleibt, muss auch noch der folgende Antritt oder Wiederantritt gespielt werden. Nachdem der Schlusspfiff ertönt ist (d.h. nach Ablauf der regulären Spielzeit) muss jedes Gedränge noch gespielt werden. Ebenso, wenn ein Spieler einen Straftritt ins Aus schießt, muss die Gasse zwingend stattfinden. Das Spiel endet erst mit dem nächsten toten Ball nach diesem Gedränge oder dieser Gasse.

Was geschieht nach dem Schlusspfiff?

Die Tradition will, dass die Sieger ein Ehrenspalier für die tapferen Verlierer bilden, die das Gleiche auch für die Sieger machen. Gelegentlich werden Trikots getauscht. Nach der Rückkehr in die Umkleiden (manchmal mit einem kleinen Umweg über den Sanitätsraum), gehen die Spieler noch gemeinsam etwas trinken. Bei wichtigen Spielen versammeln sich alle Mitwirkenden der Begegnung noch zu einem Bankett. Dieses wird normalerweise mit einer Rede der Präsidenten und Kapitäne jeder Mannschaft eröffnet. Im Anschluss übergibt jeder Kapitän dem Schiedsrichter eine Krawatte und richtet einige Worte an ihn.

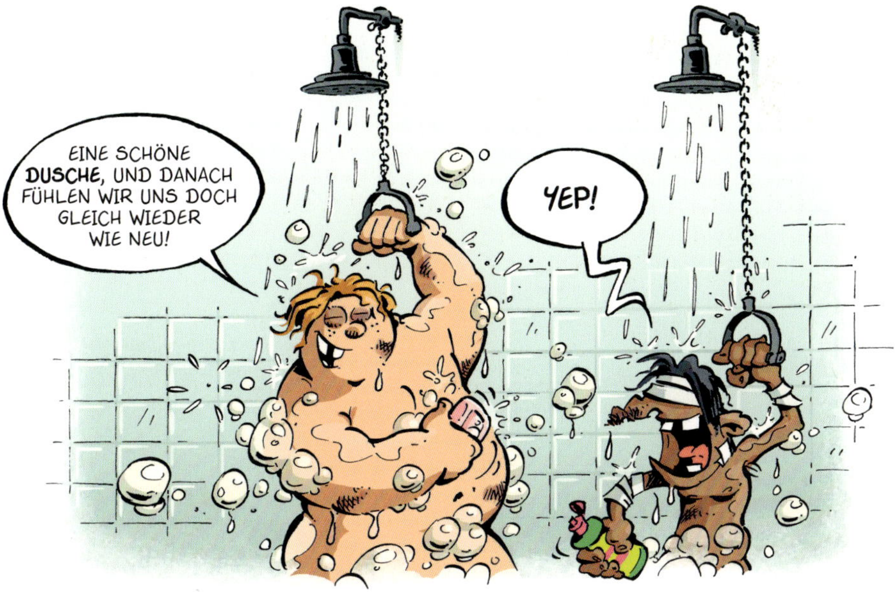

Was spielt sich so alles in der »dritten Halbzeit« ab, die sich in der Regel an das Spiel anschließt?

Sie glauben doch wohl nicht, dass wir Ihnen das enthüllen! Die Geheimnisse der dritten Halbzeit bleiben allein bei den Spielern – und in der Welt des Rugbys.

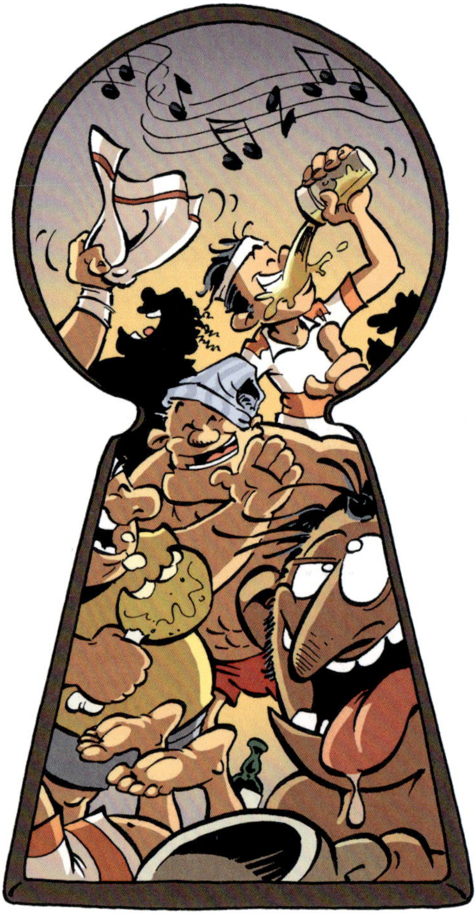

3

BESONDERE SPIELSITUATIONEN

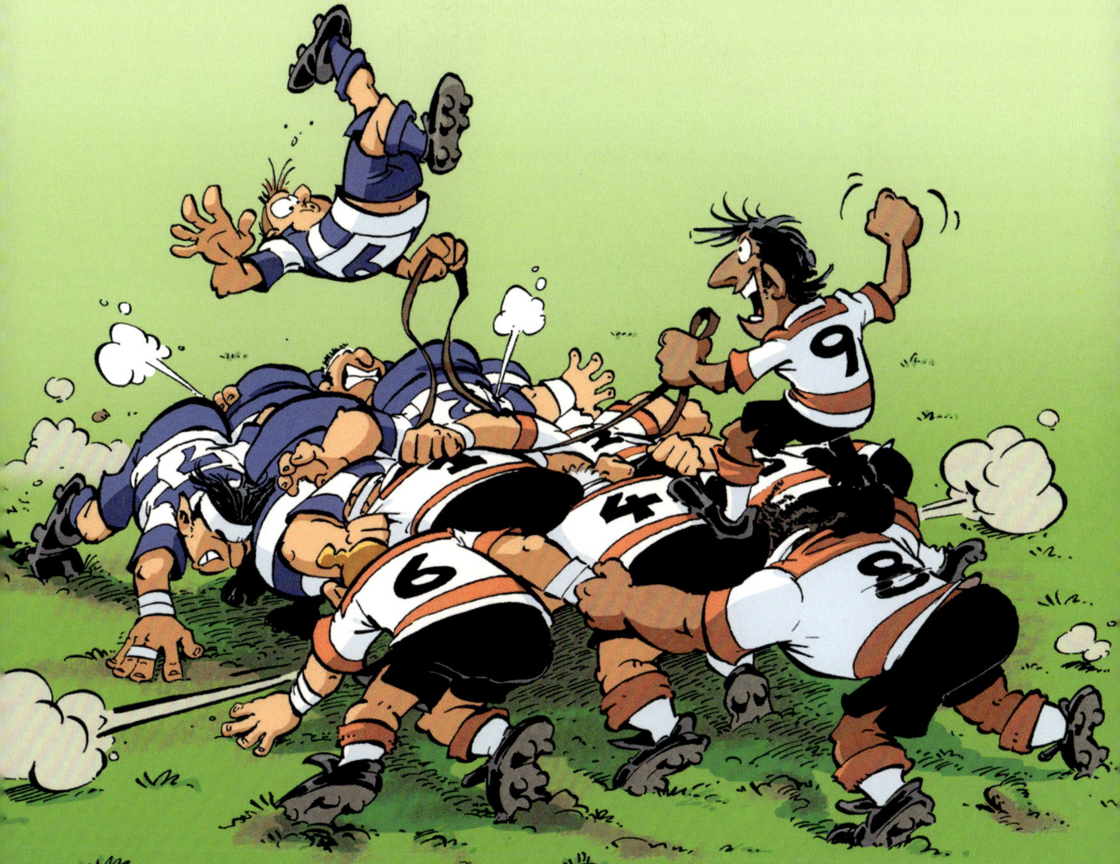

GEDRÄNGE

Hierbei handelt es sich um eine der mysteriösesten Situationen des Rugbysports. Man spricht auch von einem »geschlossenen« oder »angeordneten« Gedränge …

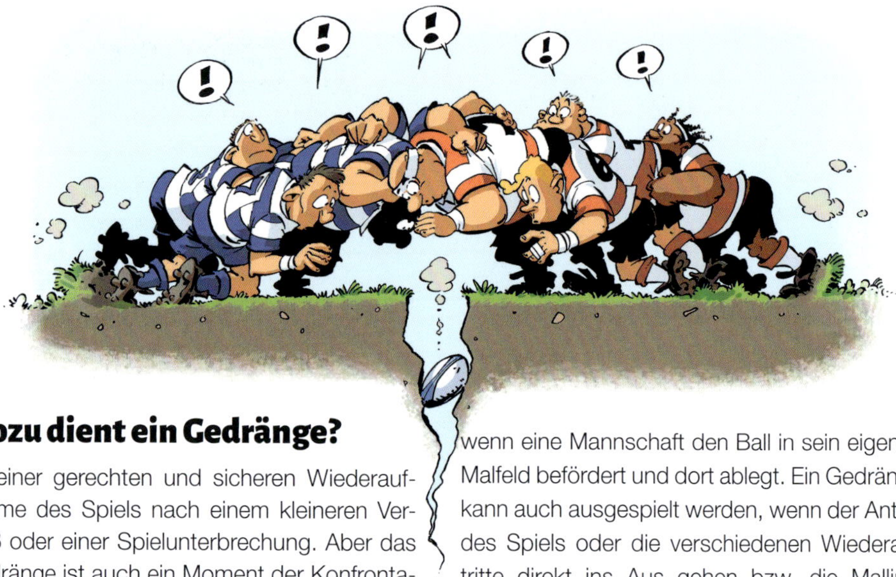

Wozu dient ein Gedränge?

Zu einer gerechten und sicheren Wiederaufnahme des Spiels nach einem kleineren Verstoß oder einer Spielunterbrechung. Aber das Gedränge ist auch ein Moment der Konfrontation, in dem die Stürmer der beiden Teams um den Ball kämpfen. Es dient also auch dem Kräftemessen beider Lager.

Der psychologische Einfluss eines Gedränges kann ganz wesentlich auf eine Mannschaft einwirken. Es handelt sich dabei quasi um ein »Match im Match«.

Wann findet es statt?

Im Allgemeinen pfeift der Schiedsrichter ein Gedränge, wenn ein Spieler einen Vorpass begeht, wenn der Ball unspielbar wird (z.B. weil er unter einem »Haufen« Spieler eingeklemmt ist) oder wenn eine Mannschaft den Ball in sein eigenes Malfeld befördert und dort ablegt. Ein Gedränge kann auch ausgespielt werden, wenn der Antritt des Spiels oder die verschiedenen Wiederantritte direkt ins Aus gehen bzw. die Mallinie überqueren. Die Spieler der Mannschaft, die nicht den Ball getreten hat, entscheiden sich dann dafür, das Spiel mit einem Gedränge (in der Spielfeldmitte, außer im Fall eines 22-m-Antritts, wo es in der Mitte der 22-m-Linie ausgetragen wird) fortzusetzen. Wenn im Spielverlauf der Ball den Schiedsrichter trifft und eine Mannschaft davon profitiert, wird ein Gedränge mit Einwurf für die Mannschaft, die den Ball zuletzt gespielt hat, angeordnet. Letztlich kann jeder Straf- oder Freitritt auf Anfrage des Kapitäns der Mannschaft, die diese Tritte ausführen muss, in ein Gedränge umgewandelt werden.

Wo findet es statt?

Normalerweise wird das Gedränge an derjenigen Stelle gespielt, an der der Verstoß begangen (oder wo die Spielunterbrechung festgestellt wurde). Aber, Achtung: Ein Gedränge darf keinesfalls im Malfeld stattfinden. Es muss also zwangsläufig innerhalb des Spielfelds (Bereich zwischen den Mallinien und den Seitenauslinien) und in einem Abstand von fünf Metern von den Spielfeldgrenzen gespielt werden. Somit wird das Gedränge um fünf Meter von der Seitenauslinie verschoben, wenn der Verstoß sehr nah an dieser Linie begangen wurde. Ebenso wird das Gedränge fünf Meter von der Mallinie entfernt gespielt, wenn der Verstoß in direkter Nähe dieser Linie oder innerhalb des Malfelds begangen wurde. In beiden Fällen findet das Gedränge gegenüber der Stelle statt, an der der Verstoß begangen wurde.

Wie viele Spieler formieren ein Gedränge?

In der Regel stehen sich die acht Stürmer jeder Mannschaft im Gedränge gegenüber. In den Regeln wird jedoch präzisiert, dass es mindestens fünf und maximal acht Spieler sein müssen/dürfen. Im Fall eines unumkämpften Gedränges nach dem Ausschluss eines Spielers (unabhängig davon, ob es ein endgültiger oder temporärer Ausschluss oder aufgrund einer blutenden Wunde ist) müssen sich zwingend acht Spieler jeder Mannschaft im Gedränge gegenüber stehen.

Wie müssen sich die Spieler positionieren?

Auf jeder Seite müssen die Stürmer sich untereinander in drei Reihen binden:

Die Erste Reihe formiert sich aus den beiden Pfeilern, die den Hakler von beiden Seiten stützen (ohne ihn zu tragen).

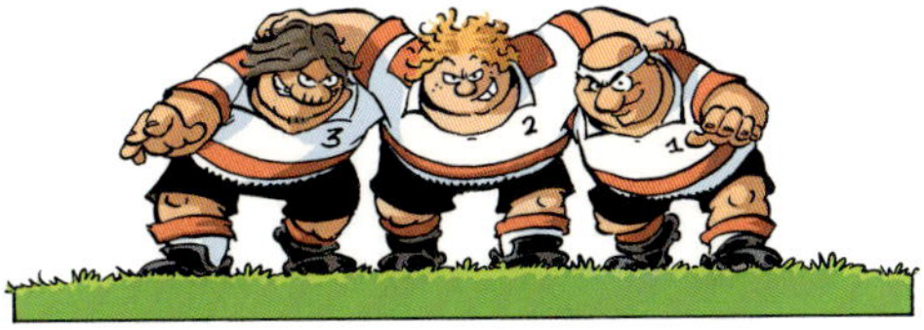

Die zwei Spieler der Zweiten Reihe ordnen sich hinter der Ersten Reihe an, um beim Schieben mitzuhelfen.

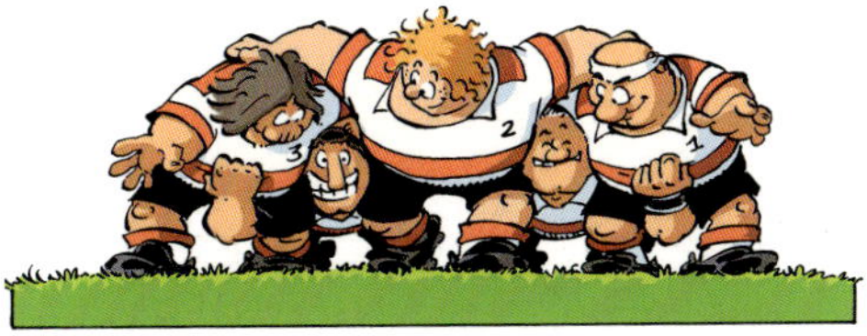

Die drei Spieler der Dritten Reihe vervollständigen das Gedränge zur Stärkung der Kraft ihrer Mitspieler. Jeder Flügelstürmer (Nr. 6 und 7) bindet sich seitlich an einen Zweite-Reihe-Spieler. Nr. 8 hält den Kopf zwischen die beiden Zweite-Reihe-Spieler und schiebt von hinten.

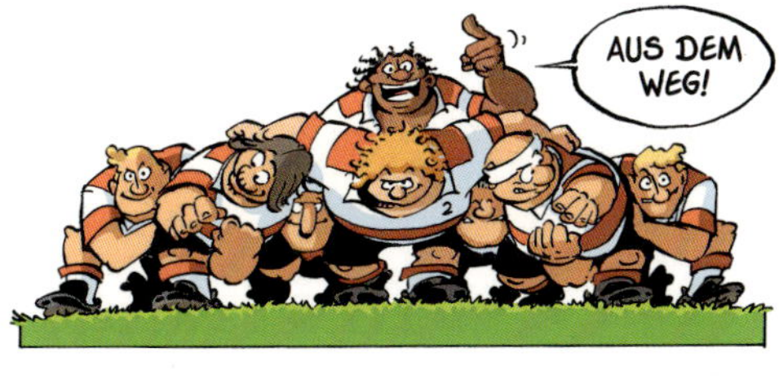

Zur Formierung gesellen sich die Spieler zu ihren (auf die gleiche Weise formierten) Gegnern, sodass die Köpfe der Ersten Reihen zusammenkommen.

Den Raum zwischen den beiden Stürmergruppen nennt man »Tunnel«. Wie Sie auf dem Bild unten sehen können, »steckt« der Kopf des rechten Pfeilers (Nr. 3) zwischen denen der gegnerischen Spieler. Von ihm hängt die Stabilität des Gedränges ab. Diese Position »versteckt« ihn vor den Augen des Schiedsrichters, was er sich manchmal zunutze macht … Der linke Pfeiler (Nr. 1) wiederum hat seinen Kopf »frei«, was ihm etwas mehr Mobilität in dem Gedränge verschafft.

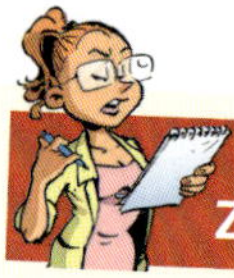

Zusatzinfo

Beim Gedränge ist die Haltung der Spieler präzise vorgegeben:

- *Der linke Pfeiler (Kopf frei) muss sich an sein Gegenüber binden und seinen linken Arm an der Innenseite des rechten Arms seines Gegners positionieren sowie ihn hinten oder seitlich am Trikot fassen (weder im Brustbereich noch am Arm, Ärmel oder Hals).*
- *Der rechte Pfeiler (Kopf nicht frei) muss sich an sein Gegenüber binden und seinen rechten Arm an der Außenseite des linken Arms seines Gegners positionieren und ihn allein am Rücken oder seitlich festhalten.*
- *Nur die Pfeiler dürfen einen Gegner festhalten.*
- *Die Erste-Reihe-Spieler müssen vom Beginn bis zum Ende des Gedränges fest und ständig gebunden bleiben. Sie müssen mit den Füßen am Boden bleiben und dürfen diese nicht überkreuzen (nur der Hakler darf einen seiner Füße lösen, um den Ball zu »hakeln«).*
- *Die Schultern der Erste-Reihe-Spieler dürfen nicht tiefer als ihre Hüften sein.*
- *Die anderen Spieler müssen mit mindestens einem Arm an einen der Spieler der Zweiten Reihe vor dem Hineingehen in das Gedränge gebunden sein. Die Zweiten Reihen müssen an die vor ihnen stehenden Pfeiler gebunden sein.*
- *Die Flügelstürmer können sich in jedem möglichen Winkel am Gedränge binden, unter der Bedingung, dass sie korrekt gebunden sind.*

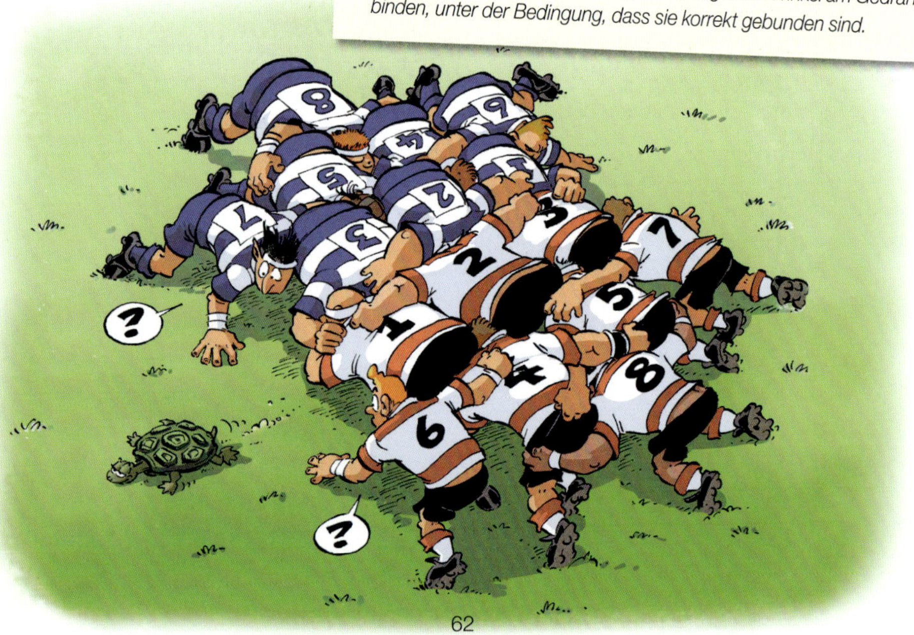

Wie wird das Gedränge gestartet?

Das Gedränge ist eine komplizierte Spielsituation, bei der die Anweisungen des Schiedsrichters genauestens zu befolgen sind, um Unfälle zu vermeiden.

Zuerst gibt der Schiedsrichter den Ort des Gedränges mit dem Fuß an: Dort formieren sich die beiden Stürmergruppen gegenüber (die gedachte Linie zwischen den beiden Stürmergruppen muss parallel zu den Mallinien sein).

Der für den Einwurf des Balls zuständige Gedrängehalb (Nr. 9) positioniert sich in einer Entfernung von einem Meter vom Gedränge vor dem Tunnel, der sich zwischen den beiden Stürmergruppen gebildet hat, auf der von ihm gewählten Seite. Bis zum Einwurf muss er den Ball in beiden Händen halten.

Auch der Schiedsrichter kann seinen Ort der Positionierung frei wählen, entweder auf der Seite des Einwurfs oder auf der gegenüberliegenden. Anschließend gibt er drei aufeinanderfolgende Kommandos, die den Spielern eine Haltung oder eine präzise Handlung vorgeben:

»Beugen!«, dann »Binden!«: Jede Erste Reihe begibt sich in eine gebeugte Position, und die Pfeiler berühren mit ihren äußeren Armen die Schulter ihres Gegenübers (um eine Armlänge entfernt voneinander positioniert zu sein).

Dann: »Spielen!« Die beiden Ersten Reihen können nun in Kontakt gehen, wenn sie dazu bereit sind.

Ab diesem Zeitpunkt muss der Gedrängehalb ohne Verzögerung den Ball in die Mitte des zwischen den beiden Ersten Reihen jeder Mannschaft entstandenen Tunnels einwerfen. Der Einwurf muss gerade erfolgen, auch wenn der Gedrängehalb sich etwas zu seiner Ersten Reihe zurückziehen kann. Jetzt können die Stürmer anfangen, zu schieben.

(Achtung, der Gedrängehalb darf einen Einwurf nicht antäuschen!)

Ein Gedränge muss »eigentlich« in weniger als 30 Sekunden ausgeführt werden, doch diese Regel wird aus Sicherheitsgründen nur sehr selten angewandt.

Was passiert im Zentrum des Gedränges?

Nach dem Einwurf des Balls drückt jedes Team nach vorne. Der Hakler versucht nun, den Ball mit seinem Fuß zu seinen Mitspielern an der Hinterseite des Gedränges zu befördern.

Soweit die Theorie, nun die Praxis: Im Zentrum des Gedränges passiert natürlich vieles, was nur die Spieler angeht – und die Betreuer. Es ist in der Tat genau der richtige Moment, um sich mal »auszusprechen«, »sich ein paar liebe Worte ins Ohr zu flüstern« oder eine noch offene Rechnung unter Freunden zu regeln …

Aufgrund ihrer Position haben die Spieler der Zweiten Reihe ein Leichtes, eine Hand zu lösen, um der gegnerischen Ersten Reihe einen kurzen Besuch abzustatten – mit dem Wissen, dass die Reaktion nicht allzu lange auf sich warten lassen wird …

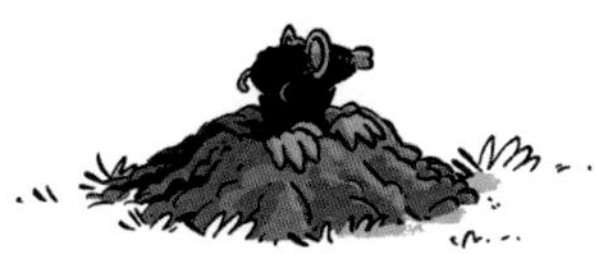

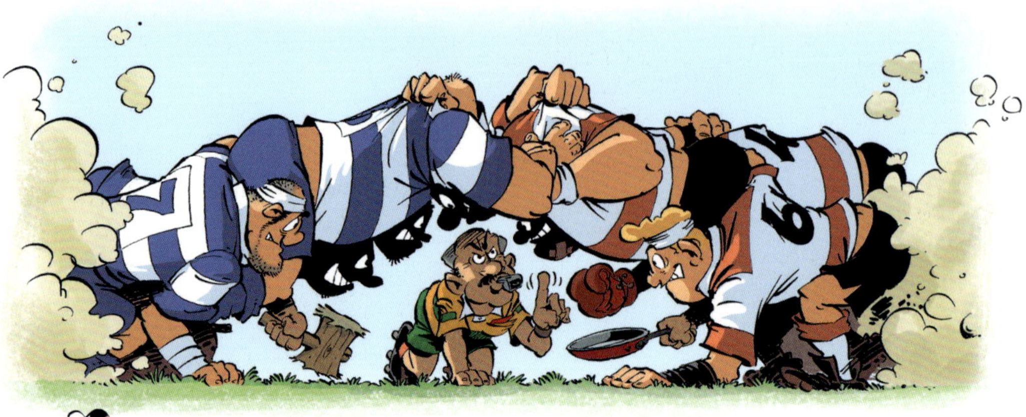

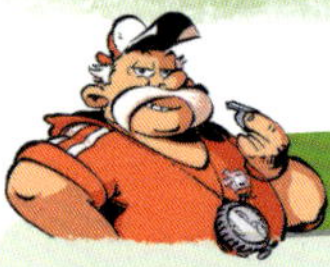

Anekdote

Beim Einwurf möchte sich keiner den Ball vom Gegner wegschnappen lassen. Es ist noch nicht allzu lange her, dass ein Zweite-Reihe-Spieler der glücklosen Mannschaft, wenn dies geschah, den Hakler des anderen Lagers »Sternchen« sehen ließ. In den französischen Stadien war dies eine Zeit lang geradezu Tradition. Doch heute gibt es diesen etwas barbarischen Brauch nicht mehr …

Wo positionieren sich die anderen Spieler der Mannschaft?

Sie müssen sich fünf Meter vom letzten Stürmer ihrer Mannschaft, der am Gedränge teilnimmt (meist die Nr. 8), entfernen.

Man stelle sich also eine Linie vor, parallel zur Malfeldendauslinie, fünf Meter entfernt vom hinteren Fuß des letzten Spielers des Gedränges: Diese begrenzt den Abseitsbereich für die Hintermannschaft. Sie dürfen diesen nicht überschreiten, solange der Ball das Gedränge nicht verlassen hat.

Was macht der nicht den Ball einwerfende Gedrängehalb?

Er bleibt entweder zurückgezogen mit der Hintermannschaft (in diesem Fall muss er sich fünf Meter hinter dem Gedränge aufhalten) oder er positioniert sich auf Höhe des Gedränges (egal auf welcher Seite). Meist entscheidet er sich für die zweite Option, und sei es nur, um seinen Kollegen, der für den Einwurf und das Fangen des Balles zuständig ist, zu stören. Aber sobald er sich dafür entscheidet, sich auf Höhe des Gedränges zu positionieren, darf er sich nicht jenseits des letzten Fußes der Flügelstürmer (»Flanker«) aufhalten.

Die Abseitslinie des verteidigenden Gedrängehalbs richtet sich also nach den Füßen der Spieler Nr. 6 und 7 (je nach der Seite des Gedränges, auf der er sich befindet). Auch wenn der Ball zwischen die Füße der Nr. 8 (der normalerweise der letzte Spieler des Gedränges ist) gelangt, darf der verteidigende Gedrängehalb sich nicht zwischen dem Flanker und der Nr. 8 positionieren.

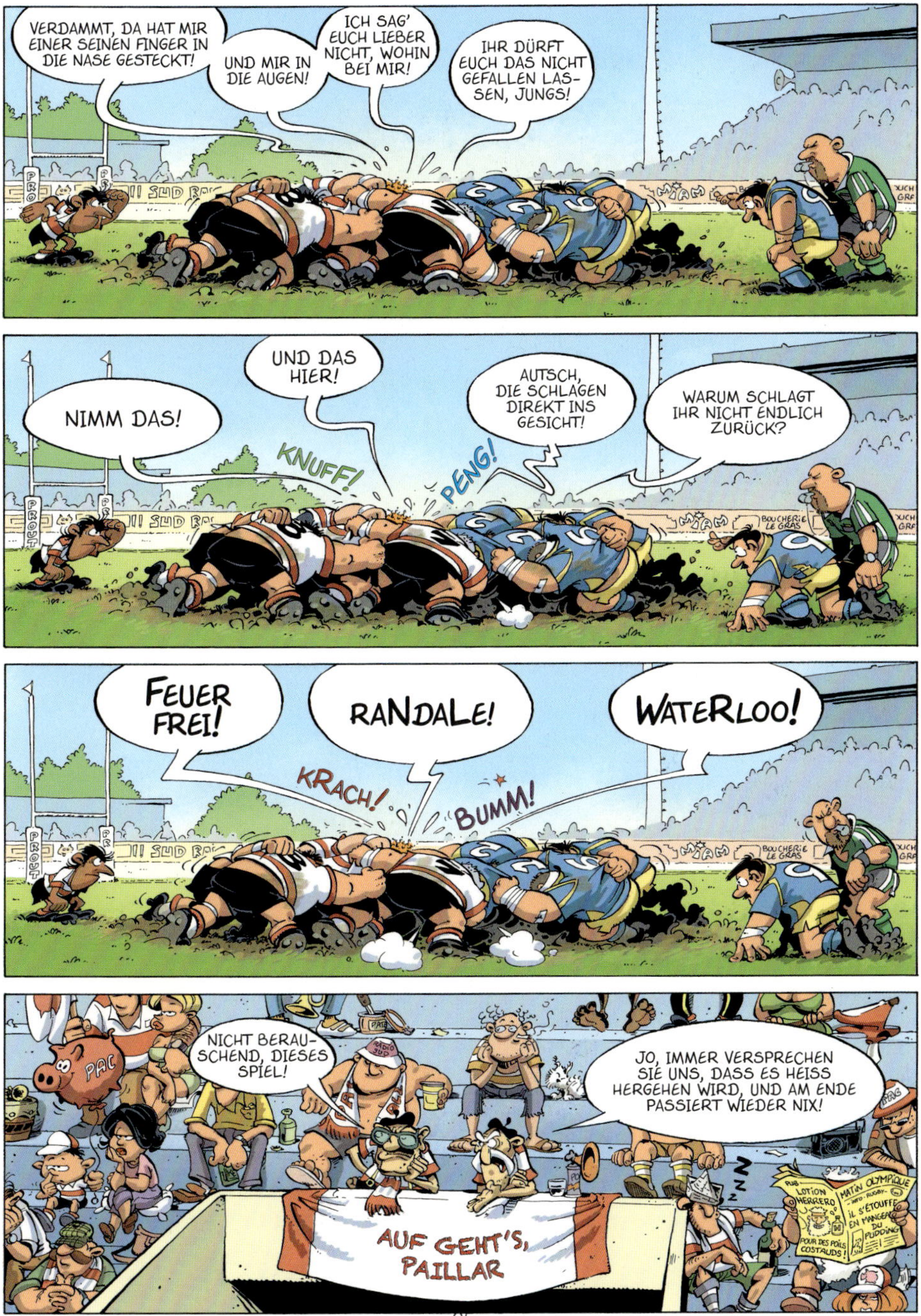

Auszug aus Band 1 des (im Original nur auf Französisch erhältlichen) Comics »Les Rugbymen«

Wie endet das Gedränge?

Wenn der Ball das Gedränge in irgendeine Richtung verlässt, ausgenommen den Tunnel (dann muss es wiederholt werden). Generell wird alles dafür getan, dass der Gedrängehalb (Nr. 9) den Ball an der Hinterseite des Gedränges zwischen den Beinen der Nr. 8 entgegennehmen kann. Solange der Ball das Gedränge nicht verlassen hat, müssen die Stürmer aneinander gebunden bleiben. Wenn das Gedränge stationär geworden und der Ball zwischen die Füße der Nr. 8 gelangt ist, ordnet der Schiedsrichter »Ball spielen!« an. Der Gedrängehalb oder jeder andere Angreifer muss ihn innerhalb von fünf Sekunden ergreifen, um ihn zu spielen.

Seit 2018 muss die Nr. 8 nicht mehr abwarten, bis der Ball zwischen seine Füße gelangt. Sie kann ihn direkt von den Füßen der Zweite-Reihe-Spieler in die Hand nehmen. Sobald der Ball erobert wurde, kann der Gedrängehalb oder jeder anderer Spieler (wie die Nr. 8 im oben genannten Fall) das Spiel in Richtung Mitspieler der Hintermannschaft fortsetzen oder eine Einzelaktion versuchen, in dem er z.B. eine Lücke in der Anordnung der Gegner nutzt. Sonderfall: Wenn der Schub einer Mannschaft stark genug ist, um den Ball hinter die Mallinie zu befördern, endet das Gedränge automatisch. Jeder Spieler kann den Ball nun im Malfeld ablegen. Dies kommt gelegentlich vor, wenn das Gedränge in einer Entfernung von fünf Metern von der Mallinie stattfindet.

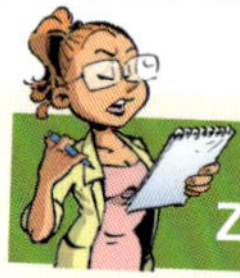

Zusatzinfo

Was versteht man unter der »89«

Dabei handelt es sich um eine Kombination, in der die Nr. 8 den Ball selbst beim Verlassen des Gedränges einsammelt, um ihn zum Gedrängehalb (Nr. 9) zu werfen. (Daher der Name »89«.) Das geht mehr oder weniger schnell vonstatten: Die Nr. 8 kann den Ball einige Meter tragen, bevor sie ihn an die Nr. 9 passt, die sich bereits entfernt hat, oder ihn direkt weiterspielen mittels eines Ein-Schritt-Passes. So befreit sich der angreifende Gedrängehalb leichter vom gegnerischen Gedrängehalb (oder vom gegnerischen Flügelstürmer), der noch keine Zeit hatte, den Bereich des Gedränges zu verlassen. Er kann ebenfalls eine Überzahl in der Angriffsreihe der Hintermannschaft kreieren.

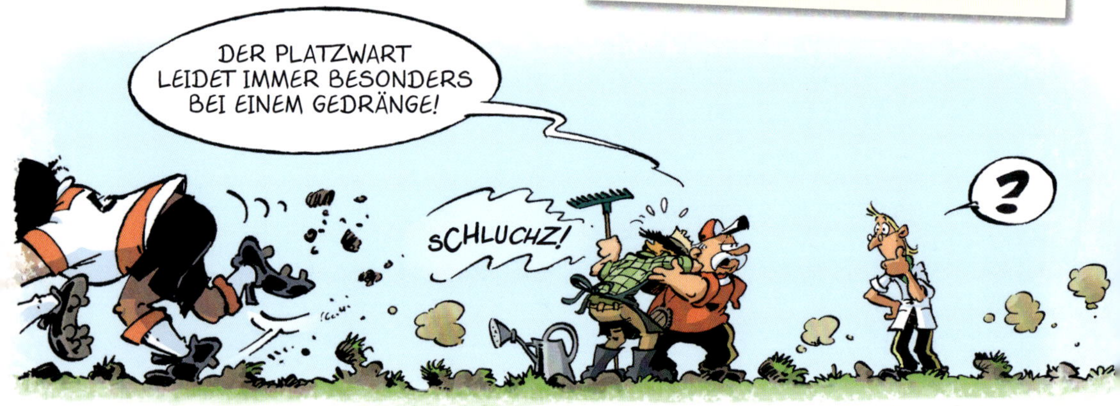

Warum ist das Team, das den Ball einwirft, im Vorteil?

Weil in der Regel die Mannschaft, die den Ball einwirft, ihn beim Verlassen des Gedränges wieder erobert. Deren Hakler ist näher am Ball und behindert so das Sichtfeld seines Gegenübers. Die Möglichkeit, den Ball (mit dem Fuß) an seine Mitspieler weiterzugeben, ist ihm also so gut wie sicher, und dann können diese das Spiel zu ihrem Vorteil weiterführen.

In der Praxis ist ein »starker« Sturm selten behindert bei eigenem Einwurf, da er den gegnerischen Schub perfekt unter Kontrolle hat. Im Gegensatz dazu hat ein schwächerer Sturm Schwierigkeiten, sobald der Hakler den Fuß anhebt, um den Ball zu »hakeln«, da seine Kollegen dadurch an Halt verlieren, um den eigenen Druck aufrechtzuerhalten oder zu verstärken.

Lassen sich durch ein Gedränge Punkte erzielen?

Nur indirekt. In der Tat kann ein Gedränge unter dem Schub der Stürmer zu einem Raumgewinn für die Mannschaft führen, die sich so dem gegnerischen Malfeld nähert … und es sogar erreicht. In diesem Fall endet das Gedränge automatisch, und jeder angreifende Spieler kann den Ball ablegen, um einen Versuch zu erzielen …

Allgemein gesprochen: Wenn ein Ball das Gedränge verlässt, an welcher Stelle des Spielfelds auch immer, haben die Spieler ideale Bedingungen, um einen Angriff zu starten, der ihnen zu einem Versuch verhelfen kann. Es ist ebenso möglich, den Ball zu einem gut positionierten Spieler zu befördern, der einen Treffer durch Sprungtritt versuchen kann.

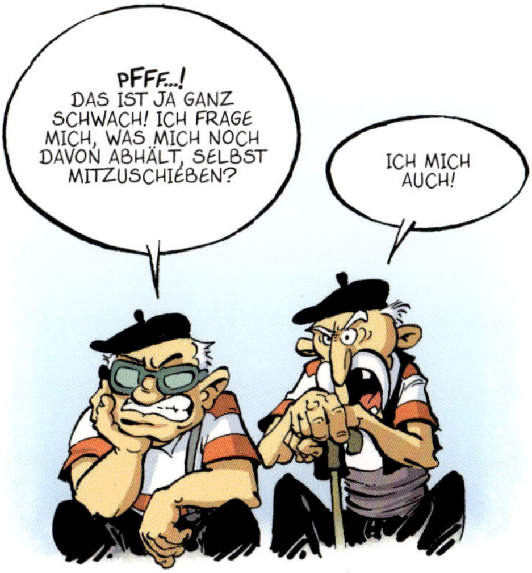

Wann ist ein Gedränge »unumkämpft«?

Wenn eine der beiden Mannschaften keinen geeigneten Erste-Reihe-Spieler mehr zur Verfügung hat, ist sie nicht mehr in der Lage, ein wirksames Gedränge zu bestreiten. Laut Reglement muss das Gedränge somit unumkämpft sein; d.h. es wird ohne Schub ausgeführt und der Ball stets von der Mannschaft erobert, die ihn auch eingeworfen hat – ein wahrer Glücksfall für in dieser Spielphase unterlegene Teams!

Um dies zu verhindern, gibt es eine Regel, die besagt, dass jede Mannschaft, die Verursacher eines ununkämpften Gedränges ist aufgrund eines Ausschlusses eines Spielers (unabhängig davon, ob es ein endgültiger oder temporärer Ausschluss oder aufgrund einer blutenden Wunde ist), das Spiel zu vierzehnt fortsetzen muss. Und in diesem Gedränge müssen sich zwangsläufig acht Spieler jedes Teams gegenüberstehen. Damit soll verhindert werden, dass ein besonders schlauer Trainer weniger Spieler im Gedränge aufstellt, um seiner Angriffs- oder Verteidigungsreihe einen Vorteil zu verschaffen.

Was ist ein »gedrehtes« Gedränge?

Ein Gedränge, das sich um mehr als 90 Grad gegenüber seiner ursprünglichen Achse dreht: entweder unabsichtlich – in diesem Fall unterbricht der Schiedsrichter das Spiel und lässt das Gedränge wiederholen; der Ball wird von der gleichen Mannschaft eingeworfen – oder bewusst herbeigeführt, um dem gegnerischen Druck auszuweichen. Der rechte Pfeiler (Nr. 3), verborgen vor den Blicken des Schiedsrichters, hat eine ideale Position dafür: Es genügt, den Druck etwas zu reduzieren und sein Gegenüber zu sich zu ziehen … Oder seine Mitspieler schieben in Richtung des gegnerischen linken Pfeilers im Wechselschritt … In jedem Fall: Hop, das war's, das Gedränge dreht sich!

Jedes absichtlich gedrehte Gedränge vor dem Einwurf des Balls wird mit einem Freitritt bestraft. Jedes absichtlich (und unmittelbar) gedrehte Gedränge nach dem Einwurf wird mit einem Straftritt bestraft.

Warum hebt sich ein Gedränge manchmal an?

Das kann verschiedene Gründe haben:

- Wenn die zwei Stürmergruppen gleich stark sind, führt der enorme Druck, den die zwei Ersten Reihen durch ihr Schieben verursachen, dazu, dass sie sich anheben. Meist lässt der Schiedsrichter das Gedränge wiederholen, da kein Verstoß begangen wurde.
- Der starke gemeinsame Druck einer Mannschaft trägt ihre Gegner fort und hebt sie hoch. Diese kollektive Kraftanstrengung der stärkeren Mannschaft wird vom Schiedsrichter meist mit einem Straftritt zu ihren Gunsten belohnt.
- Die Spieler drücken ihre Gegner absichtlich von unten nach oben (was verboten ist). Der Schiedsrichter pfeift daher einen Straftritt gegen die Mannschaft, die nicht korrekt geschoben hat.
- Die Spieler heben sich willentlich an, um dem zu starken Druck der gegnerischen Stürmer auszuweichen. In diesem Fall wird ein Straftritt gegen die Spieler, die sich angehoben haben, ausgesprochen.

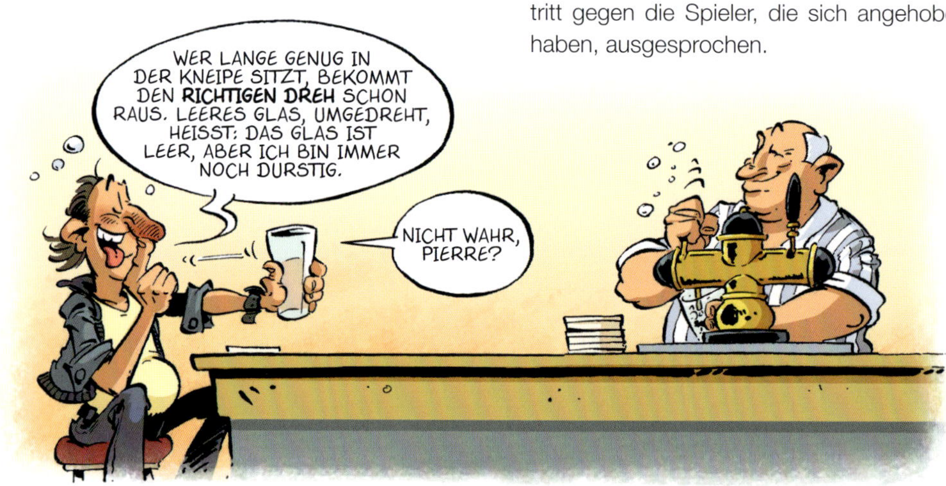

Warum bricht ein Gedränge manchmal zusammen?

Auch das kann verschiedene Gründe haben:

- Unzureichender Kontakt beim Aufeinandertreffen, wenn sich die zwei Stürmergruppen binden. (Gedränge wird meist wiederholt.)
- Die Spieler sind ausgerutscht. (Auch dann wird das Gedränge meist wiederholt.)
- Die Spieler waren untereinander nicht korrekt gebunden. (Schuldige Mannschaft wird mit einem Freit- oder Straftritt bestraft.)
- Absichtliches Zusammenbrechen: Einige der Spieler, die die Bindung oder ihre Position nicht ideal einschätzten, lassen das Gedränge einstürzen, um es wiederholen zu lassen. Wenn der Schiedsrichter das merkt, wird die Mannschaft des schuldigen Spielers mit einem Straftritt bestraft.

Wenn ein Gedränge zusammenbricht, während der Ball zwischen den Füßen der Nr. 8 ist, kann der Schiedsrichter Vorteil gelten lassen, falls kein Sicherheitsrisiko für die Spieler besteht. Befindet sich der Ball aber auf Höhe der beiden Ersten Reihen, muss er das Spiel sofort unterbrechen, um das Gedränge wiederholen zu lassen oder einen Verstoß zu ahnden.

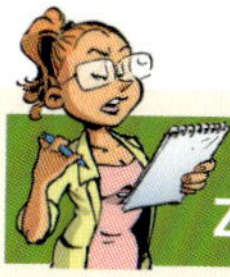

Zusatzinfo

Worauf muss der Schiedsrichter bei eienem Gedränge achten?

Auf ALLES – selbst wenn er gar nicht alles sehen kann. Und darauf ganz besonders:

- *Korrekter Schub der beiden Stürmergruppen.*
- *Sind die Spieler der Ersten Reihen ordnungsgemäß gebunden? (Diese Bindungen beeinflussen ja die Stabilität des Gedränges.)*
- *Stimmt die Position der Schultern und des Beckens der Spieler? (Der linke Pfeiler schiebt oft sein Becken aus dem Gedränge heraus, um unter dem gegnerischen rechten Pfeiler durchzukommen. Der rechte Pfeiler schiebt manchmal quer, direkt gegen den gegnerischen Hakler.)*
- *Wird der Ball korrekt eingeworfen?*
- *Stimmt der Druck zwischen den Gedrängehalbs? (Das kann gelegentlich zu ausgeprägten Unstimmigkeiten führen …)*
- *Sind die Bindungen der Dritten Reihen ordnungsgemäß? (Sie haben einen unmittelbaren Einfluss auf das Spiel).*

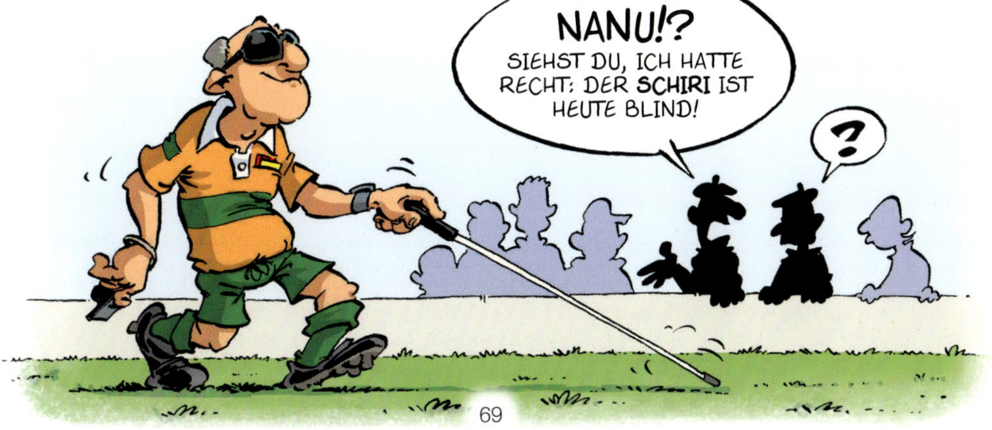

OFFENES GEDRÄNGE (ODER: RUCK)

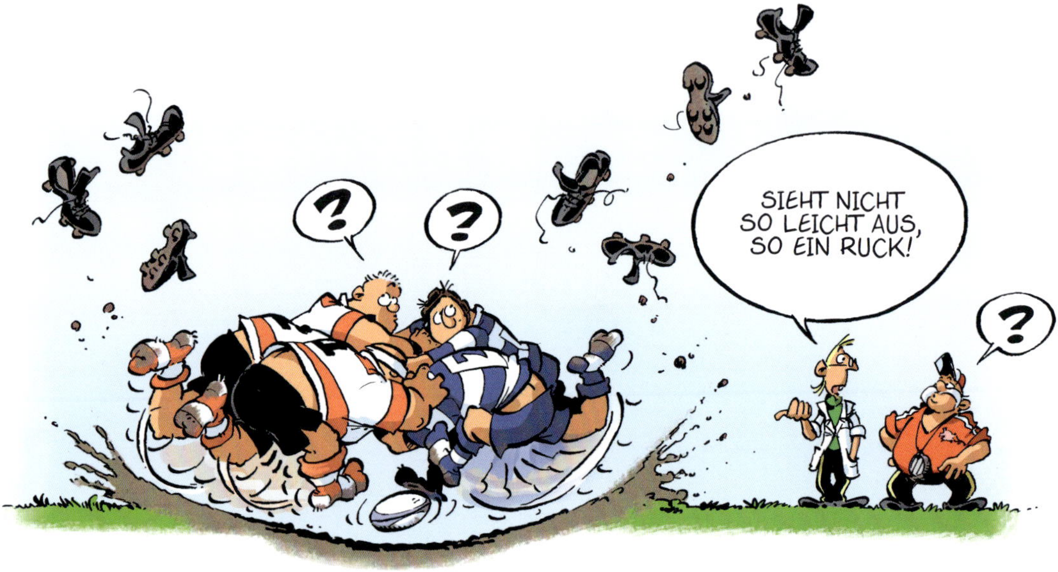

Was versteht man unter einem offenen Gedränge?

Man spricht von einem offenen (oder losen) Gedränge, wenn mindestens zwei Spieler (jeweils einer von jedem Team) um den Ball am Boden kämpfen, während sie auf ihren Füßen stehen und in engem Körperkontakt sind. Das offene Gedränge wird auch »Ruck« genannt.

In den meisten Fällen kommt es nach einer Tacklesituation zu einem Ruck. Es beruht nicht auf einer Schiedsrichterentscheidung, sondern wird von den Spielern herbeigeführt. Alle Mitglieder der beiden Mannschaften dürfen an einem Ruck teilnehmen.

Wo kann ein offenes Gedränge gespielt werden?

Nur innerhalb des Spielfelds, also im Bereich des Raums zwischen den Seitenauslinien und den Mallinien. Sobald das offene Gedränge gebildet wurde, gibt es präzise Vorgaben, was die Abseitslinien rundherum angeht (siehe »Abseits«, S. 81 f.).

Der Schiedsrichter muss daher schnell vor Ort sein, um dies zu überwachen. Falls notwendig, muss er den Spielern erläutern, dass es sich um ein Ruck handelt und somit die speziellen Regeln für diese Spielsituation gelten …

Wie kann ein Spieler da hineingehen?

In einem Ruck wird die Abseitslinie durch den hintersten Fuß des letzten Spielers, der in der Anordnung gebunden ist, vorgegeben. Jeder neu hinzukommende Spieler muss also **von hinten und zur Achse hin** in das Ruck hineingehen. Wenn er von den Seiten kommt oder zu lange dort verweilt (vor dem Fuß seines letzten Mitspielers also), steht ein Spieler im Abseits und verursacht einen Straftritt. Er muss sich dann spontan mit einem Mitspieler oder einem Gegner mit seinem gesamten Arm binden und seine Schulterlinie oberhalb der Hüften halten.

Wie verlässt der Ball es wieder?

In einem Ruck dürfen die Spieler den Ball weder mit den Händen noch mit dem Fuß spielen. Sie müssen ihn also mit den Füßen »hakeln«, und zwar von vorne nach hinten. Diese spezielle Bewegung wird auch »Rucking« genannt. Sie kann nur von einem sich nah am Ball befindlichen Spieler ausgeführt werden. Wenn der Ball vom Boden hochgehoben wird, um herausgeschleudert zu werden, ist das Ruck beendet. Er muss nun innerhalb von fünf Sekunden gespielt werden. Der Schiedsrichter zeigt dies an, indem er »Spielen!« ruft, und wenn dies nicht umgesetzt wird, kann er ein Gedränge für die gegnerische Mannschaft anordnen. Wenn der Ball blockiert ist und unbespielbar wird, ordnet der Schiedsrichter ein Gedränge zugunsten der Mannschaft an, die vor der Bildung des Rucks vorwärts ging.

Was ist verboten?

Auf seine Gegner draufzutreten (ein solches Foul führt zu einem Straftritt oder Platzverweis), sich auf den Haufen zu werfen, auf die anderen Spieler zu springen oder zu fallen oder sich willentlich in das offene Gedränge hinein zu hocken. Die am Boden befindlichen Spieler dürfen den Ball nicht mehr spielen oder blockieren. Sie müssen alles tun, um den Bereich des Rucks zu verlassen. Wer nicht am Ruck teilnimmt, muss sich jenseits der Füße des letzten teilnehmenden Spielers befinden, um keine Abseitsposition zu haben. (Achtung: Wenn der Gedrängehalb den Ball berührt, müssen die Verteidiger hinter der Abseitslinie bleiben.)

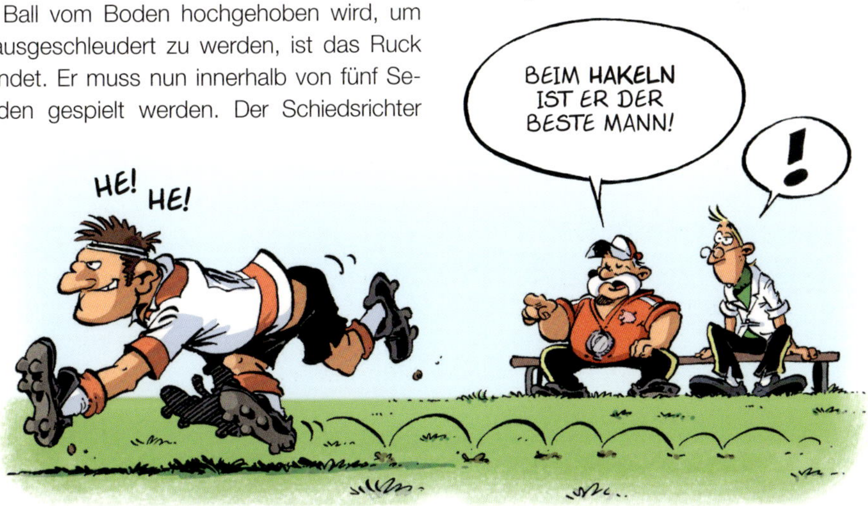

PAKET

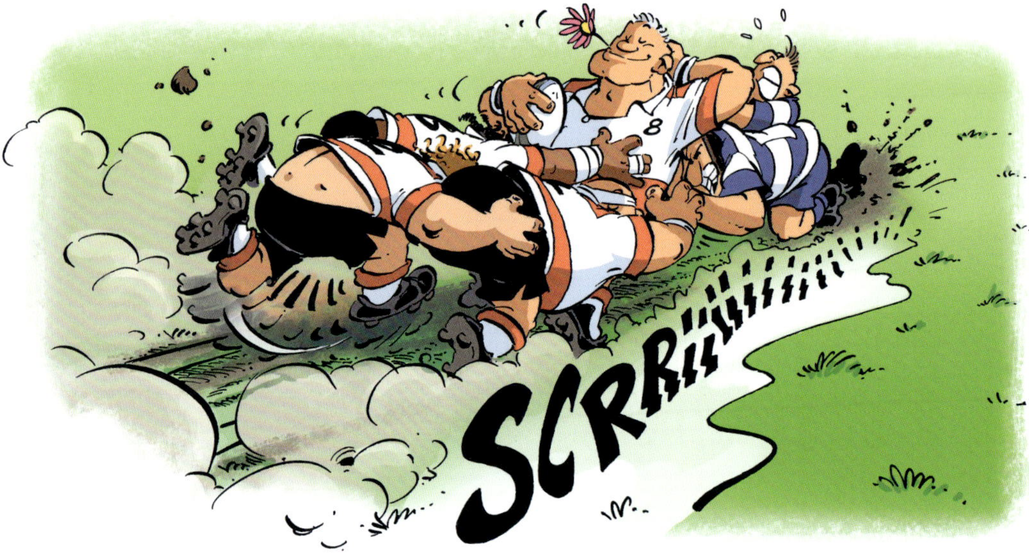

Was versteht man unter der Bildung eines Pakets?

Wenn der Ballträger, auf seinen Füßen, an mindestens einen seiner Mitspieler und einen Gegner gebunden ist. Das Paket entsteht oft in der Folge einer Gasse, rund um den Springer, der den Ball gefangen hat. Es wird auch »Maul« genannt und darf nur innerhalb des Spielfelds stattfinden (also niemals im Malfeld). Es können beliebig viele Spieler an einem Paket teilnehmen. Wie beim offenen Gedränge ist die Abseitslinie parallel zur Mallinie und geht durch den Fuß des letzten, am Paket gebundenen Spieler. Sobald sich das Paket formiert hat, kann der Ball nach hinten von Hand zu Hand weitergegeben werden. Ein Spieler darf sich jedoch nicht an die Hinterseite des Pakets gleiten lassen, wenn er der Ballträger ist.

Wozu dient ein Paket?

Es ermöglicht der Mannschaft, die in Ballbesitz ist, in Richtung der gegnerischen Malfeldendauslinie vorwärts zu kommen. Außerdem zwingt das Paket die gegnerischen Verteidiger dazu, sich an ihm zu binden, um zu versuchen, das Vorwärtskommen zu stoppen, was für einen Raumgewinn auf dem Platz sorgt

Wie kann ein Spieler da hineingehen?

Nur von hinten, nicht über die Seiten. Er muss sich an seine Mitspieler binden und drauf achten, dass Kopf und Schultern nicht tiefer als die Hüfte sind.

Zusatzinfo

Stopp des Pakets

Beim Vorwärtsgehen des Pakets werden zwei Stopps toleriert. Der Schiedsrichter zeigt sie dem Gedrängehalb der balltragenden Mannschaft an. Beim zweiten Stopp hat dieses Team nur wenige Sekunden Zeit, den Ball zu erobern und zu spielen. Geschieht dies nicht, ordnet der Schiedsrichter ein Gedränge an mit Einwurf für die gegnerische Mannschaft. Wenn das Paket »wie eine Krabbe« vorwärts geht (komplett schräg), muss der Schiedsrichter das wie einen Stopp betrachten.

Was ist verboten?

Ein Spieler darf weder auf die anderen aufspringen noch versuchen, einen Gegner aus dem Paket herauszuziehen. Untersagt ist es außerdem, ein Paket absichtlich einstürzen zu lassen, zum Beispiel durch ein zu Fall bringen der Gegner. Diese Verstöße werden mit einem Straftritt bestraft.

Was geschieht, wenn ein Paket in das Malfeld hineinkommt?

Das Paket ist zu Ende, sobald der (getragene) Ball die Mallinie überschreitet. Die durch das Paket bestehenden Abseitslinien sind sofort nichtig, und die Spieler setzen die Aktion gemäß der normalen Regeln fort.

Wie wird das Paket beendet?

Wenn der Ballträger es verlässt, wenn der Ball den Boden berührt oder wenn das Paket nicht mehr vorrückt.

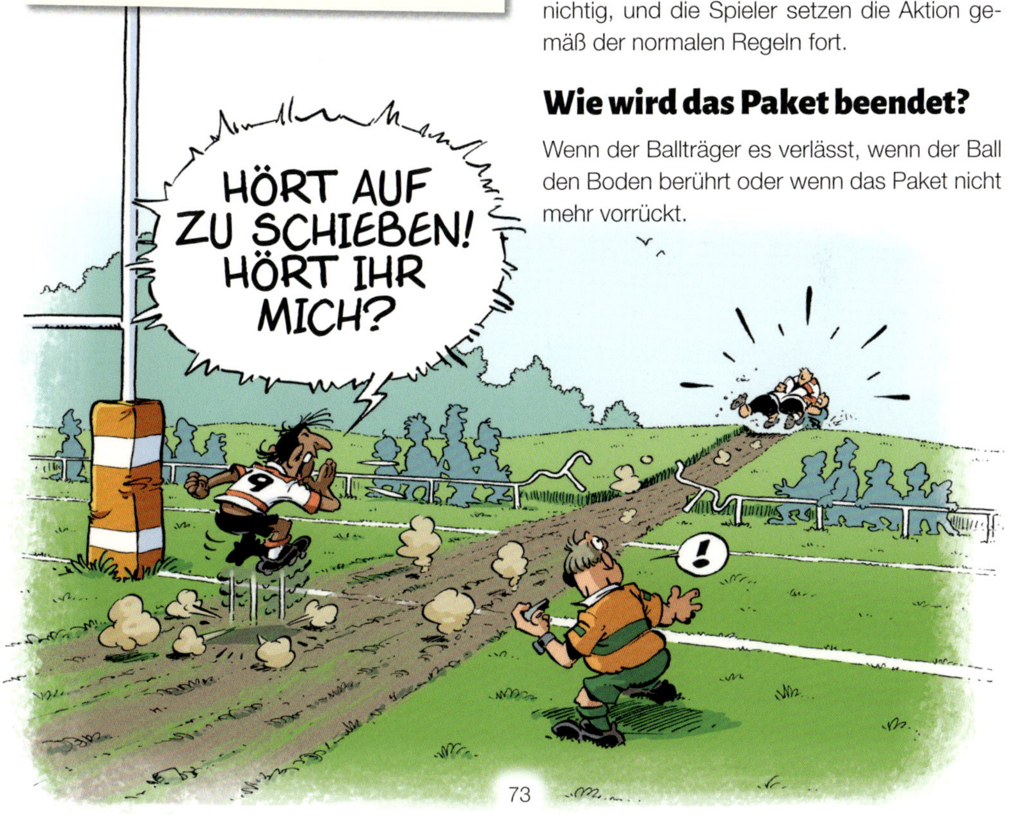

SEITENAUS UND GASSE

Wie das Gedränge ist auch die Gasse eine Phase der Konfrontation für die Stürmer. Sie kann oft spektakulär sein und den Verlauf des Spiels ändern.

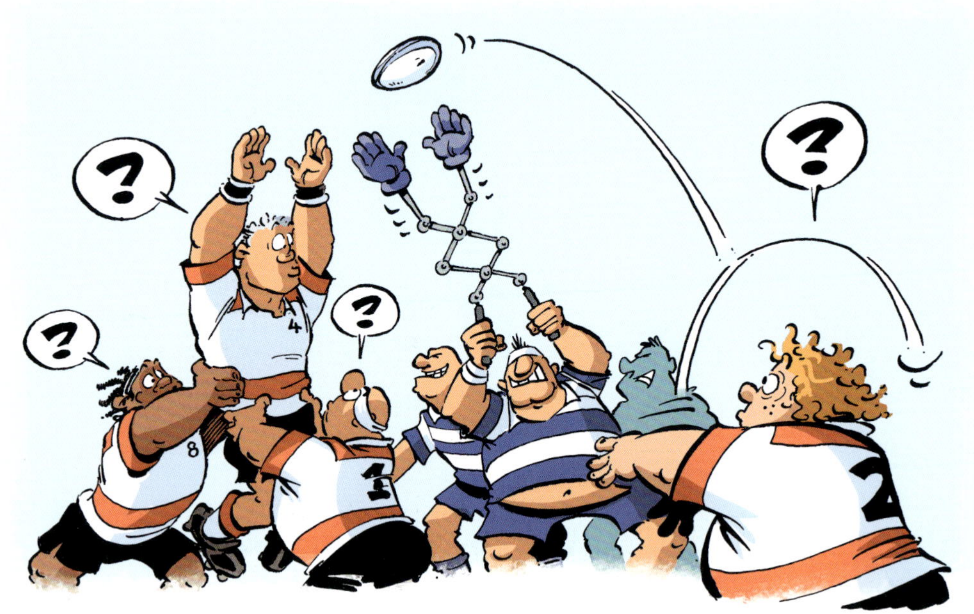

Wann ist der Ball im Seitenaus?

Wenn er in Kontakt kommt:

- mit der Seitenauslinie (denn beim Rugby gehört diese nicht zum Spielfeld);
- mit dem Boden jenseits dieser Linie;
- mit jeglicher Person oder jeglichem Gegenstand (Bank, Werbetafeln, Autos der Fans, Nachbarhäuser…), die sich hinter dieser Linie befindet.

Der Ball ist ebenfalls im Seitenaus, wenn ein balltragender Spieler auf die Seitenauslinie tritt oder darüber hinaus. Der Ball ist jedoch nicht im Seitenaus, wenn ein Spieler, der mit beiden Füßen innerhalb des Spielfelds steht, den Ball, der bereits die Seitenauslinie überquert, aber den Boden noch nicht berührt hat, fängt (oder ihn ablenkt).

Darf ein Spieler den Ball absichtlich ins Seitenaus werfen?

Nein, das ist verboten und wird mit einem Straftritt bestraft. Dieser Tritt wird 15 m von der Seitenauslinie getreten, von der Stelle, wo der Verstoß begangen wurde.

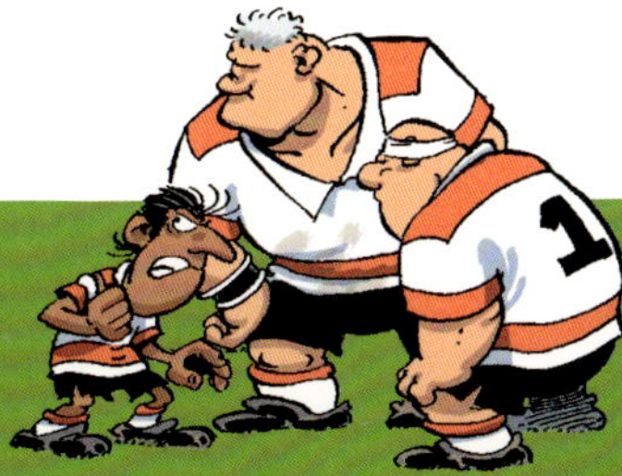

Mehr Details:

Seitenaus: ja oder nein?

Damit der Ball als im Seitenaus gewertet wird, müssen **Ball und Spieler** im Seitenaus sein. Hier einige Beispiele:

- Ein Spieler hat einen Fuß im Aus und den anderen im Spielfeld. Wenn er einen Ball fängt, der sich noch innerhalb des Spielfelds befindet, wird das als Seitenaus gewertet.
- Ein Spieler hat einen Fuß im Aus, den anderen im Spielfeld. Er lenkt einen Ball ab, ohne ihn zu ergreifen; dieser hat die Seitenauslinie bereits überschritten: Seitenaus!
- Ein Spieler hat einen Fuß im Aus, den anderen im Spielfeld. Er lenkt einen Ball ab, ohne ihn zu ergreifen; dieser hat die Seitenauslinie noch nicht überschritten: Kein Seitenaus!
- Ein Spieler springt vom Spielfeld aus in die Luft, über die Seitenauslinie, und lenkt dabei einen Ball ab, der selbst ebenfalls die Seitenauslinie überschritten hat: Seitenaus!

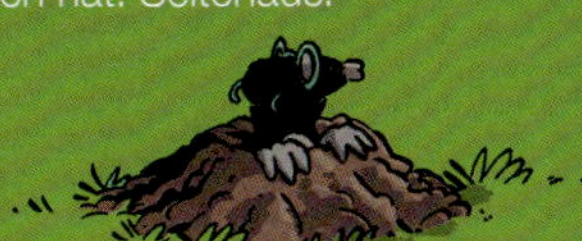

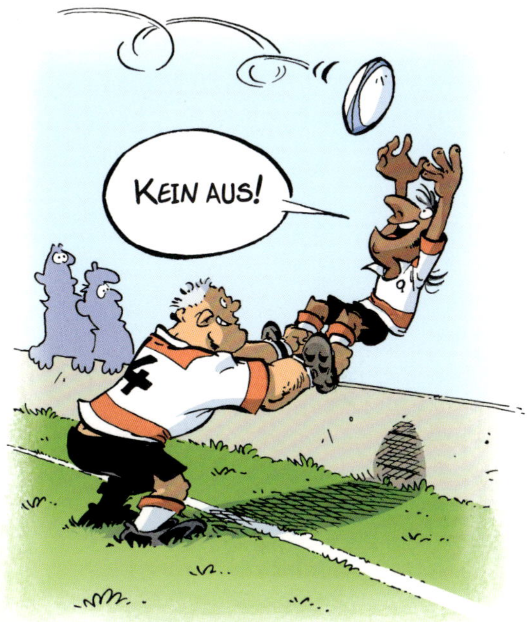

Was versteht man unter »Seitenaus suchen«?

Den Ball absichtlich ins Seitenaus zu treten. Die Spieler machen das manchmal, wenn sie das Spiel ihres Teams verlagern wollen oder versuchen, es so weit wie möglich ins gegnerische Lager zu platzieren.

Direktes Seitenaus nennt man es, wenn der Ball das Spielfeld verlässt, ohne den Boden, eine Person oder einen auf dem Spielfeld befindlichen Gegenstand zu berühren.

Indirektes Seitenaus nennt man es, wenn der Ball vorher auf dem Spielfeld abprallte, mit einer Person oder mit einem auf dem Spielfeld befindlichen Gegenstand in Kontakt kam, ehe er das Spielfeld verließ.

Wo findet der Einwurf nach einem Seitenaus statt?

Im Allgemeinen an der Stelle, an der der Ball ins Aus ging (oder wo der Ballträger die Seitenauslinie berührt bzw. überquert hat). Wenn aber der Ball mit einem Tritt ins Seitenaus befördert wurde, sind verschiedene Varianten möglich. Alles hängt von der Stelle ab, an der der Spieler, der den Ball ins Seitenaus getreten hat, sich befand, und von der Art und Weise, wie er ins Seitenaus gegangen ist (direkt oder indirekt).

- Wenn sich der den Ball tretende Spieler **im eigenen 22-m-Raum** befindet, kann er den Ball direkt oder indirekt ins Seitenaus befördern. In beiden Fällen erfolgt der Einwurf durch den Gegner an der Stelle, an der der Ball ins Seitenaus ging. (Aber das gilt nur, wenn der Spieler den Ball vorher gefangen hat, während er sich bereits im eigenen 22-m-Raum befand!)
- Wenn sich der den Ball tretende Spieler außerhalb seines 22-m-Raums befindet, hängt alles davon ab, wie der Ball ins Seitenaus geht: Geht er **indirekt** ins Seitenaus, findet die Gasse an der Stelle statt, an der der Ball ins Aus gegangen ist, mit Einwurf für die gegnerische Mannschaft.
  Geht er hingegen **direkt** ins Seitenaus, muss die Gasse vom Gegner gegenüber der Stelle, wo der Ball getreten wurde, ausgeführt werden. Es gibt also keinerlei Raumgewinn für die Mannschaft, die das Seitenaus bewusst herbeigeführt hat; nur einen Ballverlust zu Gunsten des Gegners – eine Katastrophe!

Die letzte Konstellation ist die eines mittels eines Straftritt ins Seitenaus getretenen Balls. Hier ist es viel simpler: Egal, ob der Ball direkt oder indirekt ins Seitenaus ging, die Gasse findet an der Stelle statt, wo der Ball das Spielfeld verlassen hat. Noch dazu führt das Team, das den Ball getreten hat, den Einwurf aus.

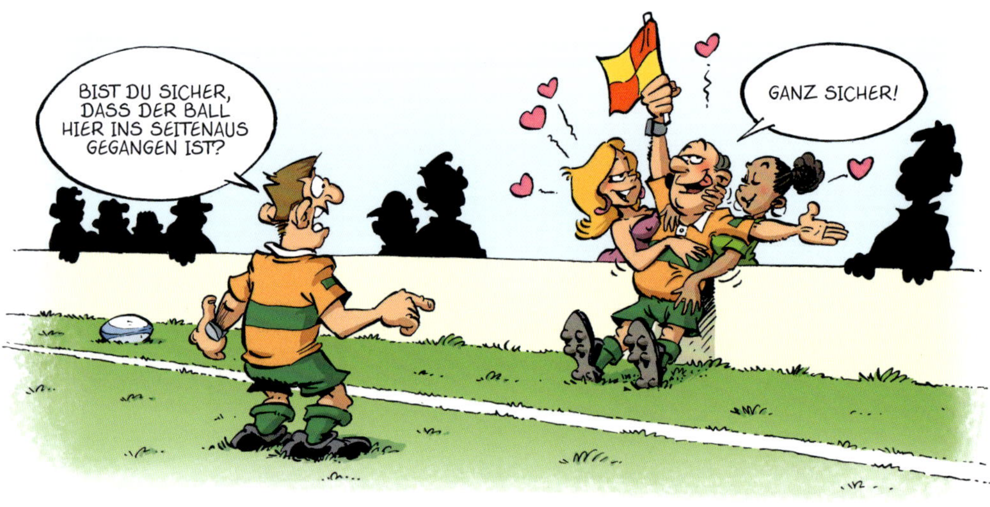

Wann kann man einen schnellen Einwurf spielen?

Nur dann, wenn der Ball niemanden berührte, nachdem er den Spielbereich verlassen hat. Ein Spieler kann ihn also unmittelbar ins Spiel zurückgeben, in dem er sich zwischen dem Punkt, an dem der Ball das Feld verlassen hat, und seiner eigenen Mallinie positioniert. Er muss nun einen mindesten fünf Meter weiten Pass ausführen, senkrecht zur Seitenauslinie oder nach hinten. Der Spieler kann sich den Ball selbst zupassen; es genügt dafür, den Ball zu werfen und loszulaufen, um ihn fünf Meter weiter wieder zu fangen. Damit der Einwurf gültig ist, muss der Spieler unbedingt den ins Seitenaus gegangenen Ball (und keinen anderen) benutzen. Es darf ihn auch kein anderer in der Zwischenzeit berührt haben.

Wie formiert man eine Gasse?

Meistens erfolgt der Einwurf in eine Anordnung aus mehreren Stürmern zwischen der 5-m- und der 15-m-Linie. Zur Formierung müssen sich die Spieler beider Lager in zwei parallelen Linien anordnen und dazwischen einen ein Meter breiten Gang frei lassen. Beendet ist diese Spielformation, wenn der Ball oder ein Spieler, der ihn trägt, die Gasse verlässt.

Darf eine Gasse nahe der Malfeldendauslinie stattfinden?

Nein. Auch wenn der Ball ganz in der Nähe dieser Linie ins Aus gegangen ist, wird der Einwurf um 5 m innerhalb des Spielfelds verlagert.

Wie viele Spieler gibt es in einer Gasse?

Die Mannschaft des Einwerfers legt die maximale Anzahl an Spielern, die an einer Gasse teilnehmen, fest. Sie kann so viele Spieler in einer Gasse anordnen, wie sie will (natürlich maximal so viele, wie auf dem Platz stehen; auf der Tribüne dürfen keine Kumpels mehr eingesammelt werden...). Die Mannschaft, die nicht den Einwurf ausführt, kann einen Spieler weniger in die Gasse stellen, wenn sie will. Es müssen jedoch mindestens zwei Spieler pro Mannschaft dem Einwerfer in der Gasse gegenüberstehen.

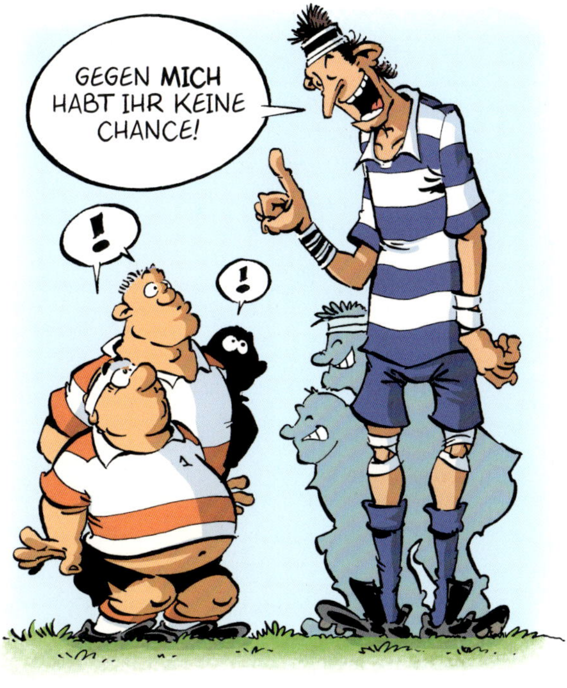

Wie wird der Einwurf in die Gasse ausgeführt?

Jeder Spieler kann den Ball einwerfen, aber meist kümmert sich der Hakler darum. Er muss gerade, in die Mitte der beiden Reihen erfolgen, um keine Mannschaft zu begünstigen. Der Ball muss mindestens fünf Meter weit fliegen. Wenn der Schiedsrichter den Einwurf als nicht korrekt wertet, bekommen die Gegner den Ball, die entweder eine Gasse an der gleichen Stelle ausführen oder ein Gedränge einfordern können.

Der Einwurf erfolgt nicht zufällig: Die Spieler haben im Voraus vereinbart, wer hochspringen soll und wohin der Ball befördert wird (sie verwenden dafür im Vorfeld abgesprochene Codes). Somit hat die Mannschaft, die den Einwurf ausführt, einen reellen Vorteil, mit dem sie in der Regel den Ball erobern und ihre Offensive fortsetzen können.

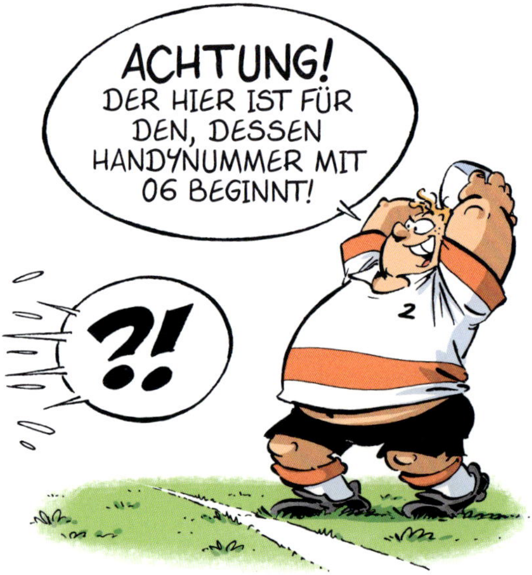

Zusatzinfo

Gassencodes

Vor dem Einwurf zeigt der Einwerfer oder einer seiner Mitspieler den anderen Mitspielern an, welche Sprungkombination verwendet werden wird. Alle diese Kombinationen wurden im Vorfeld entwickelt und im Training einstudiert.

Um nicht von den Gegnern verstanden zu werden, erfolgt die Anzeige in verschlüsselter Form. Der Code kann in einer Handbewegung bestehen, in einer Fußposition oder in einem vorab vereinbarten Satz.

Aber Vorsicht vor zu komplizierten Codes, die die Spieler selbst nicht mehr verstehen …

Wie wird der Ball gefangen?

In der Gasse werden die Springer (oft Spieler der Zweiten oder Dritten Reihe) von ihren Mitspielern (üblicherweise zwei) hochgehoben, um den Versuch zu unternehmen, den Ball in der Luft zu fangen. Diese Technik nennt man **Lifting**.

Jene Spieler, die den Springer hochheben, werden **Lifter** genannt. Bei ihnen handelt es sich um sehr starke Spieler. (Jedem ist klar, dass man recht stämmig sein muss, um schnell mal ein Riesenbaby von 100 Kilo in die Luft zu heben und zu halten!)

Die Lifter heben den Springer hoch, indem sie ihn von hinten auf Höhe der Shorts fassen und von vorne auf Kniehöhe. Achtung, die Lifter dürfen den Springer nicht hochheben, bevor dieser zum Sprung angesetzt hat.

In der Luft muss der Springer sich bemühen, den Ball vor dem Gegner (der ebenfalls einen oder mehrere Spieler hochgehoben hat) zu fangen. Dafür dürfen die Springer ihre Arme benutzen – aber nur zum Fangen des Balls, nicht um sich gegenseitig zu behindern oder darauf zu schlagen!

In dieser Spielphase dürfen die anderen Gassenspieler laufen oder täuschen, dabei aber weder die Springer anrempeln noch behindern, was anderenfalls mit einem Straftritt sanktioniert würde.

Die Gasse ist somit in der Umsetzung eine sehr komplexe Spielsituation. Um eine Synchronität zwischen dem Einwerfer, den Liftern und den Springern zu erreichen, sind unendliche Trainingsstunden notwendig!

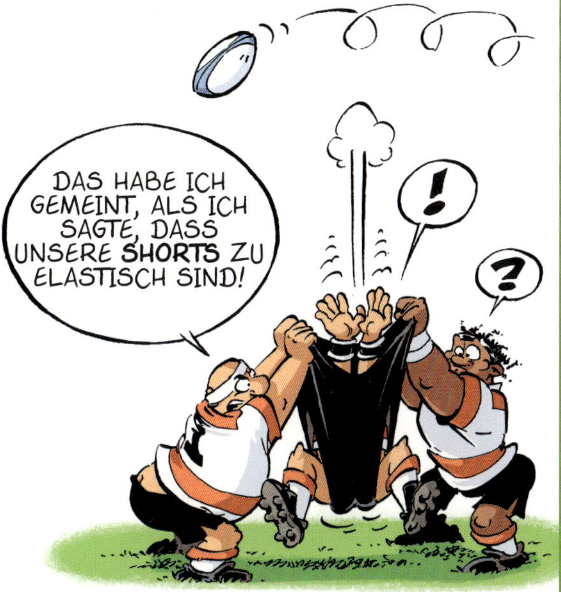

Was machen die Spieler, die nicht an der Gasse teilnehmen?

Sie müssen sich zehn Meter von der Gasse entfernen. Nur ein Spieler, der Empfänger, darf sich in der Nähe der Gasse aufhalten. Seine Rolle besteht darin, das Spiel in Richtung der Hintermannschaft fortzuführen, sobald der Ball vom Springer oder seinen Mitspielern erobert wurde. Obwohl diese Rolle jeder übernehmen kann, macht das meist der Gedrängehalb.

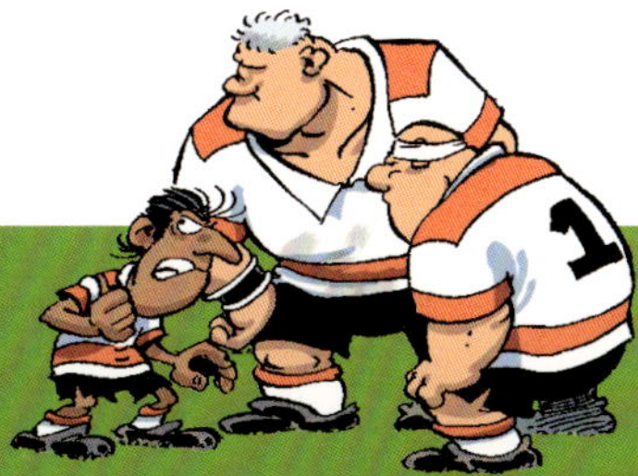

Mehr Details:

Der Empfänger

Damit er vor der Gasse klar identifiziert ist, muss der Empfänger zwei Meter entfernt von der Gasse stehen. Er kann sich ihr erst nähern, wenn der Ball die Hände des Einwerfers verlassen hat. Es bleibt also selten Zeit, auf Höhe der vorderen Spieler der Gasse zu intervenieren – eher bei den hinteren. Sobald der Ball eingeworfen wurde, kann der Empfänger ihn fangen oder dabei helfen, einen Mitspieler hochzuheben oder als Lockvogel zu agieren. Wenn der Empfänger der einwerfenden Mannschaft nicht mit in die Gasse gehen will, muss der gegnerische Empfänger das Gleiche tun und auf seinem Platz, zwei Meter entfernt von den Spielern, bleiben.

Was passiert nach der Gasse?

Es gibt viele taktische Optionen nach einer Gasse. Zum Beispiel kann der Springer, nachdem er den Ball gefangen hat, ihn an den Empfänger weiterpassen, der ihn wiederum an die Hinterspieler weitergibt. So wird eine Offensive gestartet, die davon profitiert, dass immer noch viele gegnerische Spieler in der Nähe des Ortes blockiert sind, wo die Gasse stattfand.

Eine andere Lösung besteht darin, dass der Springer mit dem Ball wieder auf den Boden kommt; mit dem Rücken zum Gegner. Seine Mitspieler gruppieren sich sofort um ihn herum (und formieren so ein Paket), um in die Achse zu schieben und mit dem Ball Raum zu gewinnen. Ein Spieler kann sie auch verlassen, um den Ball zu ergreifen, den einer seiner Mitspieler (in der Gasse) nach hinten getreten oder geworfen hat. Man nennt diese Aktion »Peel-off«.

Wenn der Gegner den Ball erobert hat, muss die Mannschaft sich sehr schnell organisieren, um ihn daran zu hindern, diesen zu spielen und ihm den Ball möglichst schnell wieder abzunehmen.

Was ist ein »Straftritt ins »Aus«?

Wenn ein Team einen Straftritt erhält, kann sie den Ball direkt ins Aus treten und profitiert somit von einem Spielneustart. Wenn es dem Treter gelingt, den Ball ganz in der Nähe des gegnerischen Malfelds ins Seitenaus zu treten, wird die Aktion in der Regel, laut Statistiken, mit einem Versuch abgeschlossen. Man spricht dann von einem »Pénaltouche«, in Anlehnung an ein Penalty beim Football, das in der Regel auch mit einem Treffer endet.

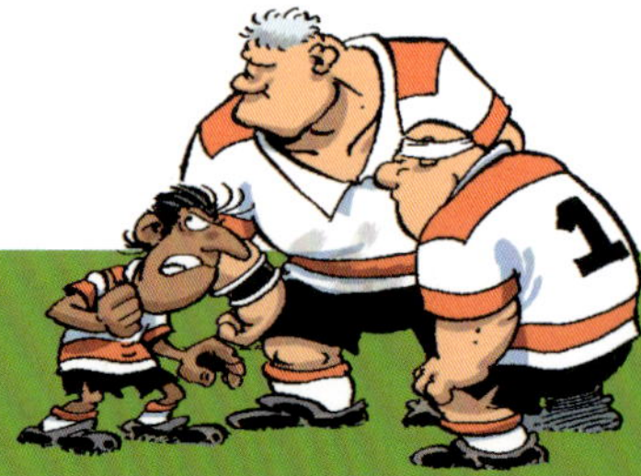

Mehr Details:

Die häufigsten Verstöße in der Gasse

In chronologischer Reihenfolge:

- Einnehmen des Ganges – wenn ein oder mehrere Spieler einer Mannschaft die gedachte Linie, die die zwei Reihen vor dem Einwurf trennt, überschreiten. Geschieht dies ohne Berührung des Gegners, wird es mit einem Freitritt bestraft. Wird der Gegner hingegen angegriffen, gibt es einen Straftritt.
- Den Springer in der Luft aus dem Gleichgewicht bringen. Dies führt zu einem Straftritt gegen die schuldige Mannschaft.
- Die Lifter angreifen, um den Block, den sie mit dem Springer formieren, aus dem Gleichgewicht zu bringen. Auch hier zieht dies einen Straftritt nach sich.
- Die Spieler überschreiten die 15-m-Linie, bevor die Gasse beendet wurde. Auch dann gibt der Schiedsrichter der nichtschuldigen Mannschaft einen Straftritt.

Diese verschiedenen Tritte werden 15 m von der Gasse getreten.

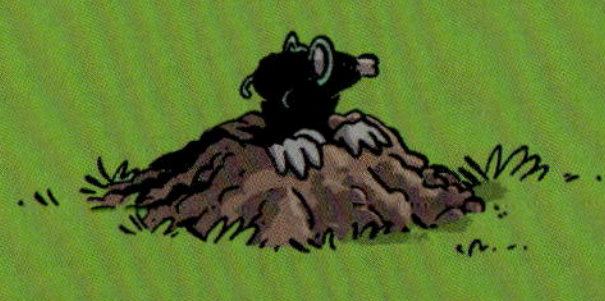

ABSEITS

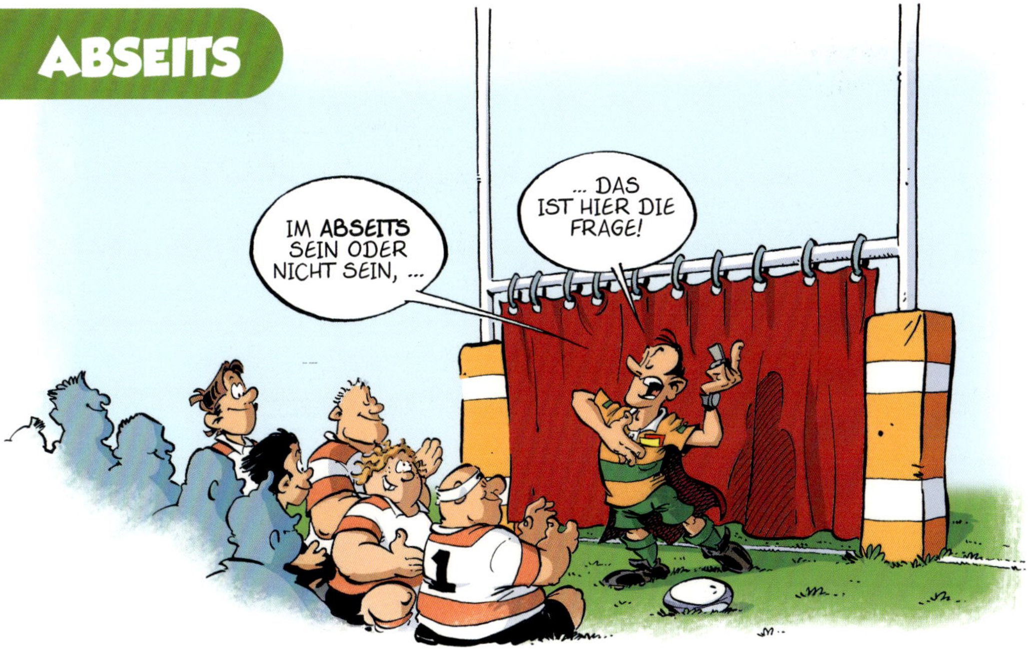

Was bedeutet »im Abseits stehen«?

Dass ein Spieler in einer Position steht, die ihn nicht berechtigt, am Spiel teilzunehmen. Er darf also nicht:

- den Ball spielen oder sich zu ihm bewegen;
- einen Spieler behindern;
- sich einem Gegner, der den Ball spielen will, weniger als zehn Meter nähern;
- sich der Stelle, an der der Ball den Boden berühren wird, weniger als zehn Meter nähern.

Wann ist ein Spieler im Abseits, und wie findet er ins Spiel zurück?

Ein Spieler ist im Abseits, wenn er sich vor dem Mitspieler befindet, der im Ballbesitz ist oder der zuletzt den Ball gespielt hat. Um aus einer Abseitsposition heraus wieder ins Spiel eingreifen zu können muss man sich überholen oder zurückfallen lassen hinter:

- seinen balltragenden Mitspieler;
- seinen Mitspieler, der zuletzt den Ball berührt oder getreten hat;
- jeden anderen Spieler seines Teams, der nicht in einer Abseitsposition war.

Ein Spieler kann auch durch eine Aktion eines seiner Gegner wieder spielberechtigt werden. Er muss sich zehn Meter entfernt vom Gegner befinden (oder sich zurückfallen lassen) und ihn fünf Meter mit dem Ball laufen lassen. Ebenfalls wieder spielberechtigt ist er, wenn er mehr als zehn Meter von dem Punkt entfernt ist, an dem der Ball getreten wurde und ein Gegner den Ball absichtlich berührt hat.

Welche Sanktionen für eine Abseitsposition gibt es?

Bei einer Abseitsposition eines seiner Spieler wird die Mannschaft mit einem Straftritt (an der Stelle des Verstoßes) bestraft oder mit einem Gedränge (an der Stelle, an der der Gegner den Ball zuletzt gespielt hat).

Es gibt allerdings eine Ausnahme: Wenn aufgrund des schnellen Spiels ein oder mehrere Spieler eine Abseitsposition nicht vermeiden können, werden sie nicht bestraft, falls sie sich sofort zurückziehen, ohne den Gegner zu behindern. Dies kann zum Beispiel dann vorkommen, wenn ein Hintermann einen Tritt der Gegner annimmt: Alle seine vor ihm stehenden Mitspieler stehen nun automatisch im Abseits. Der Hintermann muss daher den Ball sehr schnell abgeben oder nach vorne rennen, um seine Mitspieler wieder spielberechtigt werden zu lassen.

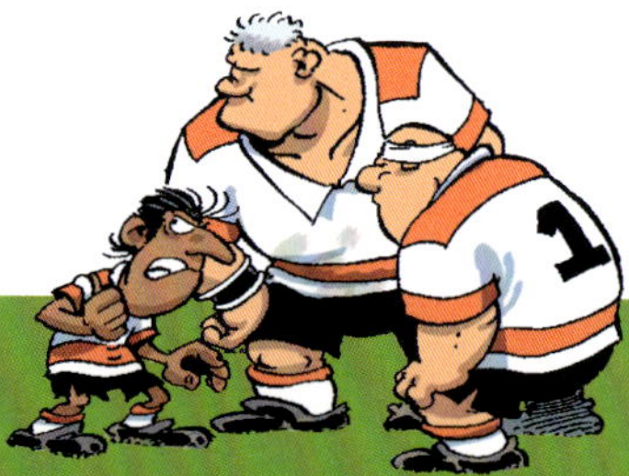

Mehr Details:

Wenn sich ein Spieler in einer Abseitsposition in der 10-m-Zone um den Spieler, der den Ball empfängt, befindet, muss er sich deutlich und erkennbar willentlich zurückziehen. Anderenfalls wird er zwangsläufig bestraft.

Einige Abseits-Sonderfälle

Abseits bei einem Gedränge

Für jeden Spieler, der nicht am Gedränge teilnimmt, verläuft die Abseitslinie fünf Meter hinter dem am weitesten hinten stehenden Fuß des letzten Spielers seiner Mannschaft. Meist handelt es sich um den Fuß der Nr. 8, da er auf der letzten Position im Gedränge steht.

Alle anderen Spieler der Mannschaft müssen also hinter dieser gedachten Linie stehen und dürfen sie nicht überschreiten, solange der Ball im Gedränge ist. Einzig für den Gedrängehalb (Nr. 9) gilt diese Regel nicht. Seine Abseitslinie wird vom Ball vorgegeben. Das bedeutet, dass, sobald eine Mannschaft den Ball aus dem Gedränge erobert hat, ihr Gedrängehalb in einer Abseitsposition ist, wenn sich seine beiden Füße vor dem Ball befinden. Was den gegnerischen Gedrängehalb betrifft, so macht er sich des Abseits schuldig, wenn einer seiner Füße vor dem Ball ist.

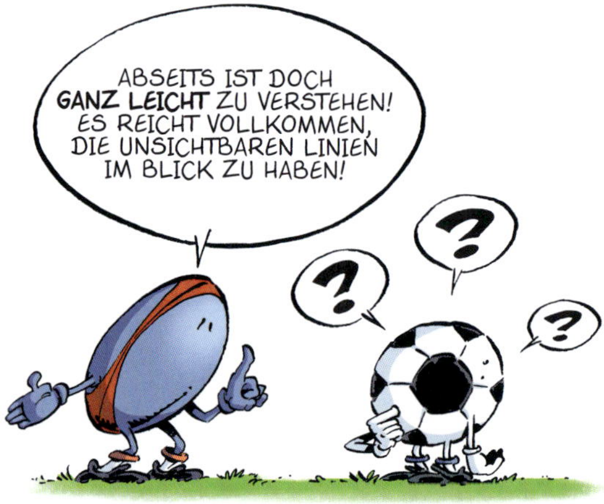

Abseits bei einem 10-m-Antritt

Wenn ein Spieler einen Straftritt ausführt, muss sich die gegnerische Mannschaft zehn Meter von der Stelle, an der der Verstoß begangen wurde, zurückziehen. Dennoch kann es vorkommen, dass nicht alle Gegner die Zeit hatten, sich um diese Entfernung zurückzuziehen; insbesondere, wenn der Straftritt sehr schnell ausgeführt wurde. Diese werden nicht bestraft, wenn sie diese Entfernung vor der Fortsetzung des Spielverlaufs erreicht haben oder wenn sie warten, dass einer ihrer Mitspieler, der sich hinter die 10-m-Entfernung zurückgezogen hatte, sie erreicht und überholt.

Das gleiche Problem kann sich für die Mitspieler des Treters stellen, da sie sich theoretisch hinter dem Ball aufhalten müssen. Sie werden nicht bestraft, wenn die Zeit, sich hinter ihren Treter zu begeben, nicht ausgereicht hat. Sie müssen ihren Rückzug aber fortsetzen und dürfen sich nicht an der Aktion beteiligen, solange sie nicht wieder spielberechtigt sind.

Abseits bei einem Paket oder einem offenen Gedränge

Für jede Mannschaft geht die Abseitslinie, die parallel zur Malfeldendauslinie verläuft, durch den Fuß des letzten Spielers, der am Paket oder am offenen Gedränge teilnimmt. Ein Spieler, der außerhalb des Pakets oder des offenen Gedränges steht, muss daher entweder von hinten kommen oder sich hinter diese beiden Linien zurückziehen. Das Gleiche gilt für einen Spieler, der sich aus der Anordnung löst oder herausgeschleudert wird. Er muss zwingend in das Paket hineingehen (hinter dem Ball) oder sich hinter die Abseitslinien zurückziehen.

Abseits bei einer Gasse

Für die Spieler, die an der Gasse teilnehmen, ist die Abseitslinie jene (gedachte) Linie, die die beiden in der Gasse angeordneten Spielergruppen voneinander trennt und senkrecht zur Seitenauslinie verläuft. Man nennt sie auch »Gassenlinie«. Zwischen dem Zeitpunkt, zu dem der Ball eingeworfen wird, und dem, wenn er einen Spieler (oder den Boden) berührt, darf sie niemand überschreiten. Anschließend gibt der Ball die Abseitslinie vor. Aber, Achtung: Wenn nach dem Einwurf die verteidigende Mannschaft sich nicht nach vorne bewegt, um den Ball zu erobern, und der gegnerische Springer den Ball nach hinten befördert, dann darf jeder Verteidiger die Gassenlinie überschreiten, um den Ballträger zu tackeln.

Für die Spieler, die nicht an der Gasse teilnehmen, befindet sich die Abseitslinie zehn Meter von der Gassenlinie des Balls entfernt. Diese Spieler können also die 10-m-Grenze nicht überschreiten, außer bei einem sehr langen Einwurf, bei dem der Ball mehr als 15 Meter weit befördert wird.

Wenn sich bei einer Gasse ein Paket bildet, müssen sich die Spieler, die nicht an der Gasse teilgenommen haben, wiederum zehn Meter zurückziehen. Sie können sich erst vorwärts bewegen, um bei der Aktion mitzuwirken, wenn alle am Paket teilnehmenden Spieler die Gassenlinie überschritten haben oder wenn der Ball die Gasse verlassen hat. Wer nicht an der Gasse teilgenommen hat ist verpflichtet, in das Paket zu gehen. Wer sich dazu entschließt, muss sich von hinten daran binden und dabei die Regeln des Pakets einhalten.

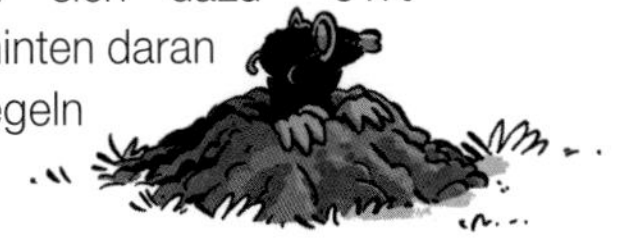

VORTEILSREGEL

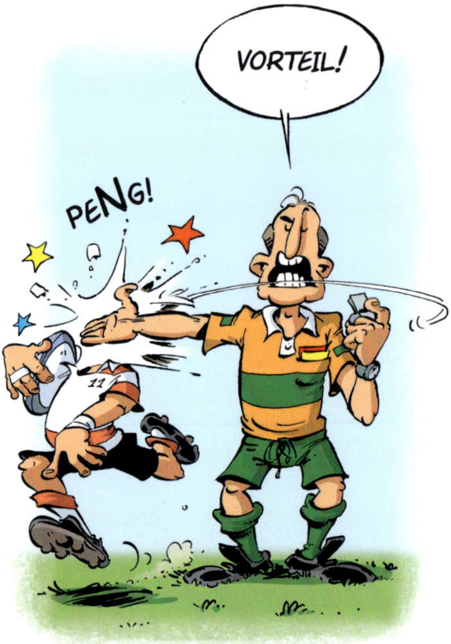

Was versteht man unter der Vorteilsregel?

Diese Regel greift, wenn eine Mannschaft einen Verstoß begeht und die Gegner einen »Vorteil« daraus ziehen. Der Schiedsrichter kann dann entscheiden, diesen Verstoß nicht unmittelbar zu pfeifen, um den Gegnern die Gelegenheit zu bieten, diesen Vorteil zu nutzen.

Die Vorteilsregel hat zum Ziel, dem Spiel mehr Kontinuität zu geben, anstatt es bei jedem begangenen Verstoß unterbrechen zu müssen. Doch es muss sich um einen deutlichen und reellen Vorteil handeln. Wenn die nichtschuldige Mannschaft sich den Vorteil nicht zu eigen macht, muss der Schiedsrichter pfeifen und das Spiel an der Stelle des Verstoßes fortsetzen lassen.

Der Vorteil kann entweder **räumlicher** oder **taktischer** Natur sein. Der räumliche Vorteil ist ein Raumgewinn. Der taktische Vorteil äußert sich in der Möglichkeit für das nichtschuldige Team, den Ball so zu spielen, wie gewollt. Wenn eine Mannschaft mehrere Vorteile ansammelt, die ihr nicht zugutekommen, kann der Kapitän dieser Mannschaft entscheiden, von welcher Stelle sein Team den so erhaltenen Straftritt treten wird.

Wie signalisiert der Schiedsrichter die Vorteilsregel?

Durch waagerechtes Ausstrecken des Arms in Richtung derjenigen Mannschaft, die von dem Vorteil profitiert.

Wann kann er das Spiel weiterlaufen lassen?

Je schwerwiegender und für alle sichtbar der Verstoß war, desto mehr Zeit hat der Schiedsrichter, diesen zu pfeifen. Er kann also den Arm ausstrecken und den Vorteil anzeigen und schnell analysieren, ob die gegnerische Mannschaft einen Vorteil aus dem Regelverstoß zieht oder nicht. Wenn sie keinen daraus zieht, pfeift er und kommt auf den Verstoß zurück.

Um seine Entscheidung zu fällen, muss der Schiedsrichter zum Beispiel die jeweilige Stärke der beiden Mannschaften oder ein eventuelles Ungleichgewicht zwischen der Offensive und der Defensive berücksichtigen. Auch einen deutlich sichtbaren Spielwillen gilt es einschätzen, der es durchaus verdient, gelegentlich mit ein bisschen Glück belohnt zu werden …

4

EIN WENIG STRATEGIE

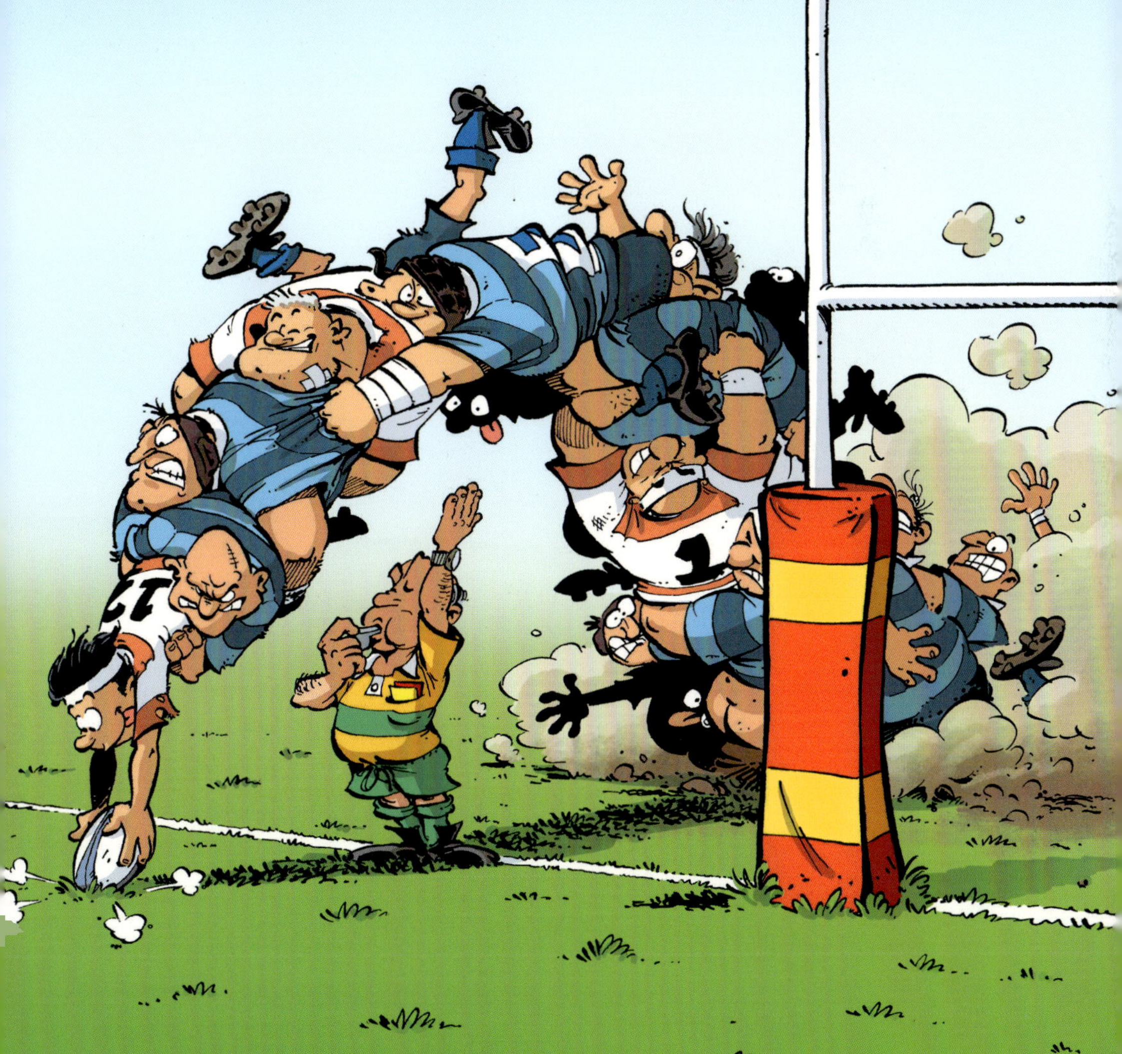

VERTEIDIGUNGSSTRATEGIEN

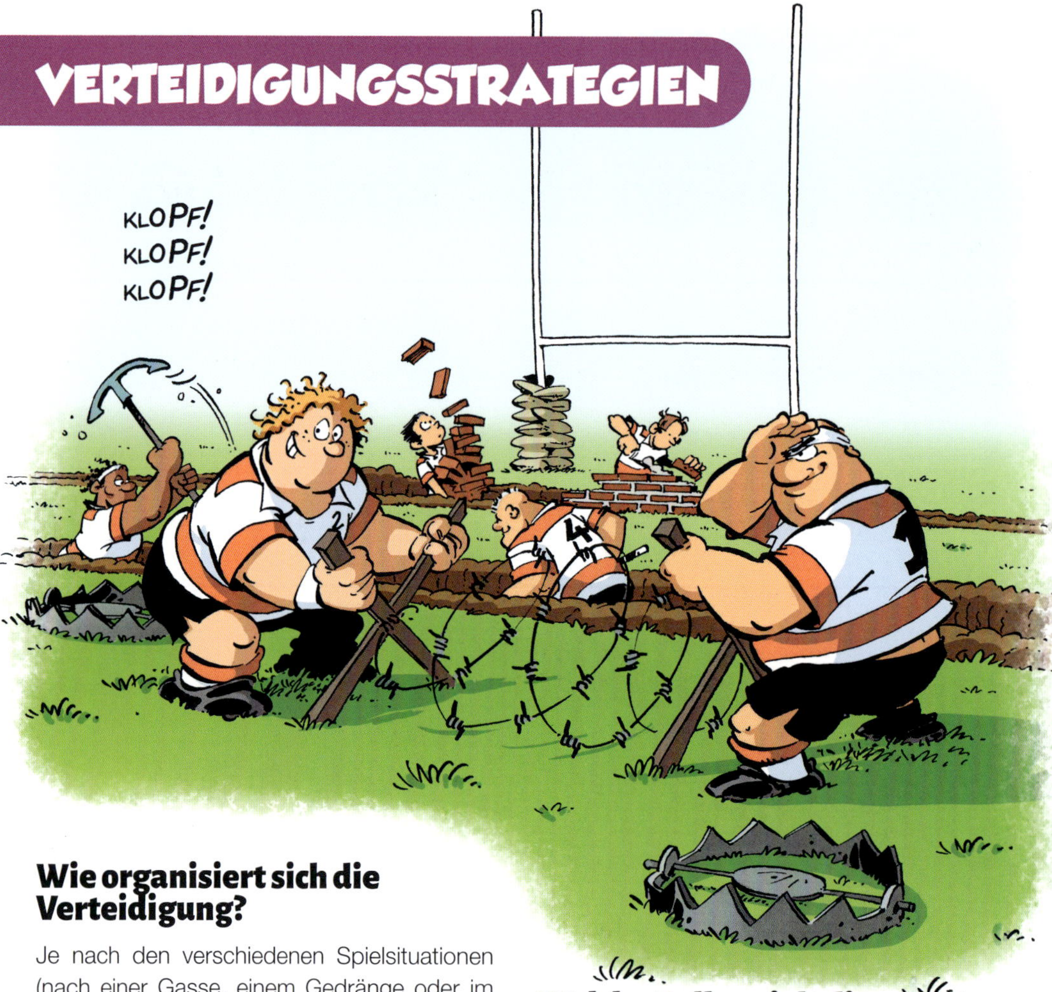

Wie organisiert sich die Verteidigung?

Je nach den verschiedenen Spielsituationen (nach einer Gasse, einem Gedränge oder im offenen Spiel) sind es mal die Stürmer, mal die Dreiviertel, die zuerst intervenieren. Am häufigsten greifen sie mit einem Verteidigungs-Pressing ein: Dazu gehören vermehrte Blockaden und Tacklings, um die Gegner am Vorwärtskommen zu hindern sowie ihnen, wenn möglich, den Ball abzunehmen. Um dies zu schaffen, verfügt ein gut organisiertes Team in der Regel über drei Verteidigungsreihen …

Welche Rolle spielt die Erste Verteidigungsreihe?

Ihre Aufgabe ist es, einen dichten Schutzwall auf der gesamten Breite des Spielfelds, in der Nähe der Abseitslinie, aufzubauen, um alle Angriffsachsen für die gegnerischen Spieler zuzumachen. Ihre Zusammensetzung variiert von Trainer zu Trainer, hängt aber auch von der jeweiligen Spielsituation ab:

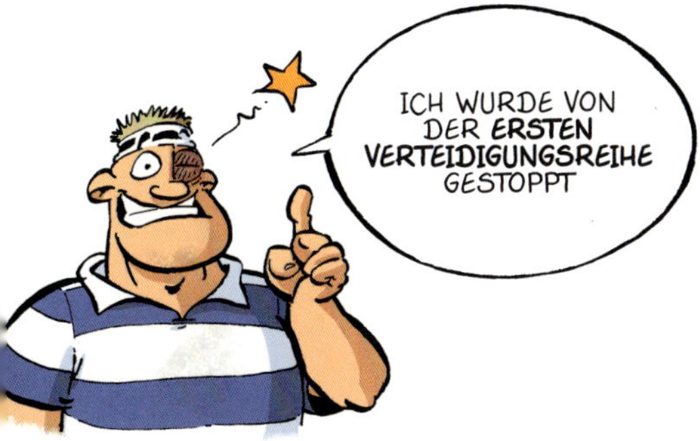

Welche Rolle spielt die Zweite Verteidigungsreihe

Sie greift ein, wenn die Erste Reihe vom Gegner überwunden wurde oder wenn Letzterer einen kurzen Tritt über die Verteidiger versucht. In diesem Fall sind die Spieler der Zweiten Verteidigungsreihe ideal positioniert, um den Ball in Empfang zu nehmen und unverzüglich einen Gegenangriff zu starten. Diese Zweite Reihe besteht meist aus dem Gedrängehalb (Nr. 9) und den Flügelstürmern (Nr. 6 und 7), die, da mobiler als die anderen Stürmer, die Zeit hatten, sich in die Verteidigung zu begeben.

- Statische Spielsituationen wie die Gasse oder das Gedränge mobilisieren die Stürmer enorm. Es sind daher die Dreiviertel, die die Verteidigung sicherstellen, wenn das gegnerische Team das Spiel in Richtung Hintermannschaft öffnet. Dafür positionieren sie sich »flach« auf einer Linie, parallel zur Mittellinie, gegenüber ihrer gegnerischen Kollegen. So formieren sie die erste Verteidigungsreihe, die meist aus dem Verbinder (Nr. 10), den beiden Innendreivierteln (Nr. 12, 13) und dem betreffenden Außendreiviertel (Nr. 11 oder 14) besteht.
- Im offenen Spiel (nach mehreren Spielzeiten) intervenieren Stürmer und Dreiviertel gemeinsam, indem sie so nah wie möglich an ihrer Ursprungsposition eine Verteidigungsreihe formieren. Sie bilden also alle zusammen die erste Verteidigungsreihe. Diese Reihe organisiert sich über die gesamte Breite des Spielfelds und achtet darauf, so wenig Platz wie möglich zwischen zwei nebeneinanderstehenden Verteidigern zu lassen.

Sobald die erste Verteidigungsreihe gebildet ist, üben die Verteidiger ein konstantes »Pressing« auf die Angreifer aus, um den Ballträger zu bremsen oder zu tackeln.

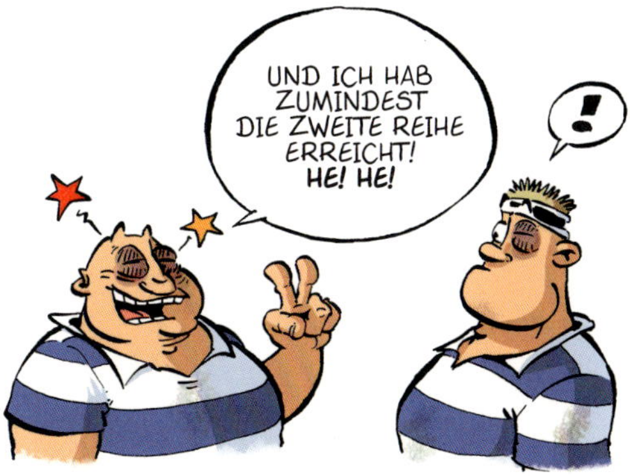

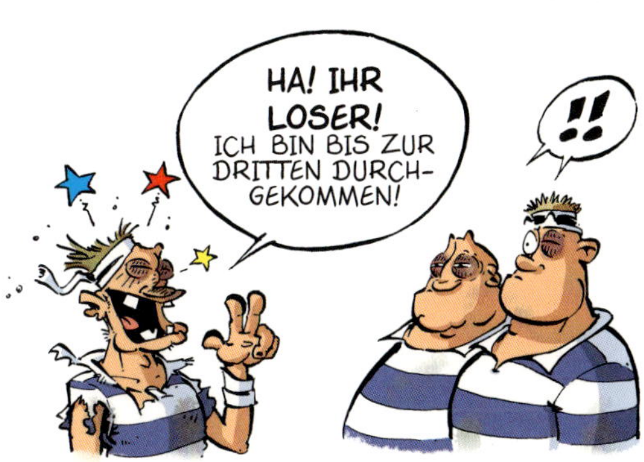

Welche Rolle spielt die Dritte Verteidigungsreihe?

Dieser äußerste Schutzwall setzt sich aus dem Schlussmann (Nr. 15) und mindestens einem der beiden Außendreiviertel (Nr. 11 oder 14) zusammen. Die Nr. 8 hat manchmal die Zeit, sich dazu zu gesellen, um den Mitspielern Hilfe zu leisten.

Die Dritte Reihe ist in erster Linie dafür da, lange Kicks von den Stürmern abzufangen. Sie bildet einen letzten Verteidigungswall, wenn der Gegner die ersten beiden Reihen überwunden hat. In diesem Fall versuchen die angreifenden Stürmer im Allgemeinen, sie zu täuschen oder zu überlaufen. Wenn es jedoch der letzten Verteidigungsreihe gelingt, einen langen Kick zu fangen, können wirkungsvolle Attacken gegen das noch offensiv angeordnete gegnerische Team gestartet werden.

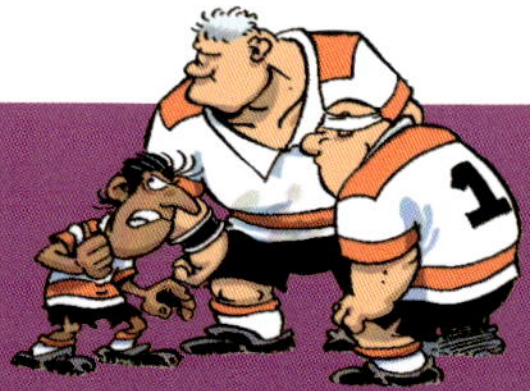

Mehr Details:

Strategieänderungen

Meist gehen die Verteidiger in einer Reihe auf die Angreifer zu, um keinen Freiraum zu lassen. Doch gelegentlich versetzen oder lösen Spieler diese Anordnung, um die Organisation der Angreifer zu stören.

Gleitende Verteidigung: Wenn die Verteidiger in einer Reihe vorwärts gehen, ist der gegnerische Ballträger, auf den von dem Spieler, der geradewegs auf ihn zukommt, Druck ausgeübt wird, oft gezwungen, einen Rückpass auszuführen, um ein Tackling zu verhindern. Die »gleitende Verteidigung« besteht nun für alle Verteidiger darin, sich gleichzeitig mit dem Ball zu verschieben und so jedes Mal einen anderen Spieler zu bedrängen, um diesen dazu zu zwingen, einen Pass auszuführen. Durch dieses »Gleiten« zwingt die Verteidigerreihe die Angreifer dazu, den Ball schrittweise zur Flanke zu befördern, wo sie getackelt werden können. Mit dieser Taktik hindern die Verteidiger die Angreifer nicht nur daran, Raum zu gewinnen, sondern profitieren auch von einem einfacheren Tackling eines am Flügel »eingeklemmten« Spielers. Außerdem wechseln die Verteidiger ihr Gegenüber, indem sie sich schrittweise zum Flügel verschieben, und können so wieder ein zahlenmäßiges Gleichgewicht gegenüber den Angreifern in Überzahl herstellen.

Seitenverkehrte Verteidigung: Sie besteht darin, einen oder mehrere Verteidiger vorzuschicken und auf die Äußeren »aufzusteigen«. Sie nehmen so den Angreifern jegliche Möglichkeit, den Ball an die Seite des Spielfelds zu befördern. Diese Strategie ist sehr wirksam, wenn die Angreifer schnelle Außendreiviertel haben.

Interception: Hier geht es schlicht und einfach darum, schnell loszustürzen, um sich den Ball zwischen zwei Angreifern während eines Passes zu schnappen.

ANGRIFFSSTRATEGIEN

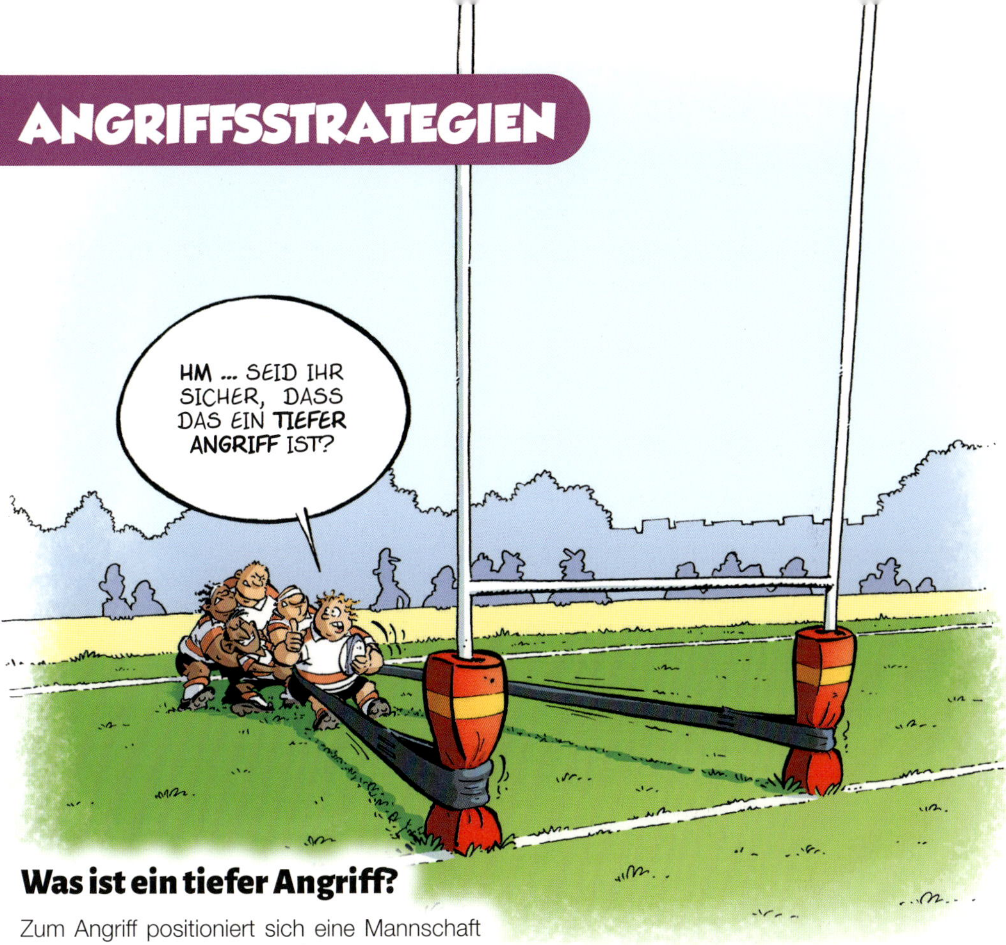

Was ist ein tiefer Angriff?

Zum Angriff positioniert sich eine Mannschaft für gewöhnlich **in der Tiefe**: Darunter versteht man, dass jeder Spieler sich schräg hinter dem Spieler positioniert, der vor ihm steht, um eine Art Linie in der Diagonale des Platzes zu bilden. In dieser Anordnung haben die angreifenden Spieler die Zeit, einen Ball unter guten Bedingungen zu passen oder zu fangen, ohne dass die Gegner sofort bei ihnen sind. Diese versetzte Anordnung ermöglicht dem Angreifer auch, Geschwindigkeit aufzunehmen, um Freiräume zu finden, die gegnerische Verteidigung zu täuschen oder auf sie aufzulaufen.

Welche möglichen Strategien für einen Sturmangriff der gegnerischen Reihen gibt es?

Es gibt drei Formen des Offensivspiels: das **Auflaufen**, **Umlaufen** (das darin besteht, vor den Verteidigern zu stehen, um zu versuchen, sie zu überlaufen) und das **Kicken** (das darin besteht, mit einem Kick über die Verteidigungsreihen zu passen). Alle drei reihen sich oft in ein und derselben Offensive aneinander.

Was versteht man unter Auflaufen?

Wenn man sich geradewegs auf die gegnerische Verteidigungsreihe stürzt. (Man spricht auch vom »axialen« Spiel, da es ganz gerade auf der Achse ausgeführt wird.) Wenn es dem Angreifer gelingt, eine Lücke zwischen zwei Verteidigern zu finden, führt er einen Pass aus und – bravo! Gelingt es ihm nicht, so zwingt er zumindest den Gegner dazu, die Verteidigung an einer bestimmten Stelle enger zu schnüren, was Freiräume an anderen Stellen ermöglicht (man nennt dies »Fixierungspunkt kreieren«).

Wenn der Angreifer von den Verteidigern blockiert wird, wird der Ball von einem seiner Mitspieler (oftmals der Gedrängehalb) erobert und zu einem anderen Spieler gepasst, der den gleichen Angriff wiederholen wird. Da der Gegner so gezwungen ist, sich in einigen Fixierungspunkten neu anzuordnen, wird es theoretisch möglich, eine Überzahl der Angreifer zu kreieren und somit den Gegner zu überwinden. Dieses Vorgehen kann auch zu einem Paket führen und somit einer schubstarken Mannschaft einen Raumgewinn bescheren.

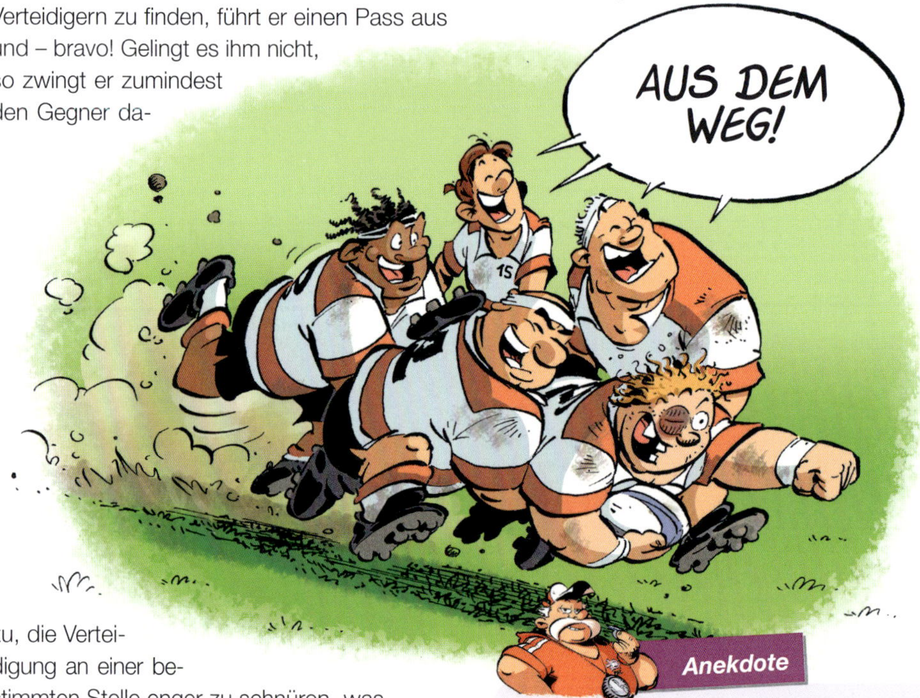

Anekdote

Das »Auflaufen« kann am Fernsehbildschirm den Eindruck vermitteln, dass die Angreifer alles tun, um den Gegner über den Haufen zu rennen. In der Realität versuchen sie immer, einen Freiraum zu finden – mit mehr oder weniger Glück. Nur in ganz kleinen Vereinen findet man gelegentlich einen (meist nicht ganz cleveren) Spieler, der sich wie wild auf einen Verteidiger stürzt. Warum? Nun, er möchte es halt »wie die im Fernsehen« machen …

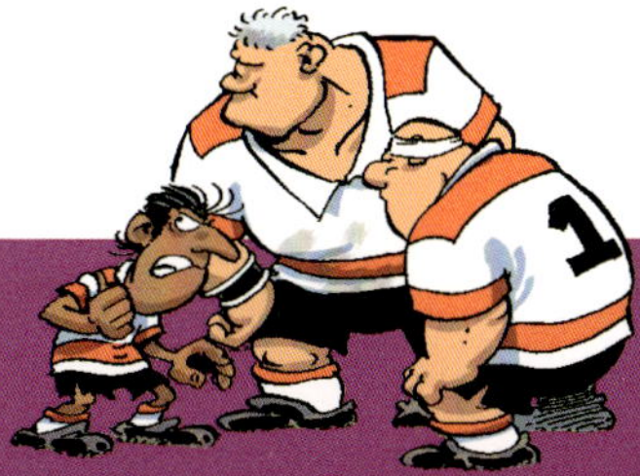

Mehr Details:

»Pick and go« und »Kehrtwende«

Beim »Auflaufen« führen die Spieler häufig ein »Pick and go« und eine »Kehrtwende« aus:

Das **Pick and go** besteht darin, einen Gegner auf Höhe der Knie anzurempeln, bevor der Ball am Boden freigespielt wird, indem mit dem eigenen Körper ein Schutzschild gebaut wird. So kann ein Kollege kommen, um den Ball zu erobern und den Angriff mit der gleichen Aktion fortführen.

Die **Kehrtwende** ist eine Variante, die darin besteht, knapp vor dem Aufprall auf den Gegner eine Kehrtwende zu machen (dieser hat somit den Rücken des Spielers vor sich). Der Angreifer, wenn auch blockiert, steht nun seinen Mitspielern gegenüber. Er ist daher gut positioniert, um den Ball zu passen und zu verhindern, sich ihn von seinen Gegnern aus den Händen reißen zu lassen.

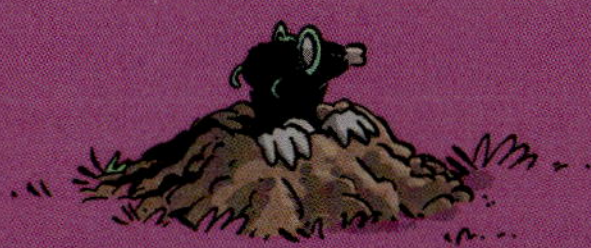

Was bedeutet Umlaufen?

Sich vor der Verteidigungsreihe aufzuhalten und den Ball zirkulieren zu lassen, bis sich eine Öffnung bietet. Ziel ist es, die Verteidigung zu strecken, um Freiräume zu schaffen, in die man hineingehen kann. Die Spieler der Reihe der Dreiviertel brillieren in dieser Übung. Meist nehmen sie den Ball so schnell wie möglich zu den Spielfeldrändern mit, wo die Außendreiviertel versuchen, Geschwindigkeit aufzunehmen und die Verteidiger zu überlaufen. Dafür bedienen sich die Außen- und Innendreiviertel des gesamten Sortiments an möglichen und vorstellbaren Pässen und Finten sowie Techniken, wie Abdrängen, Hakenschlagen und Körpertäuschung …

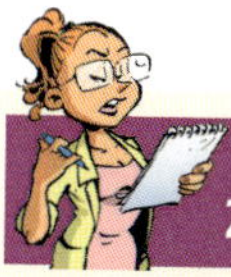

Zusatzinfo

Abdrängen, Hakenschlagen und Körpertäuschung

Für einen balltragenden Spieler bedeutet ***Abdrängen****, einen Verteidiger durch Berührung mit der freien Hand (die Hand muss geöffnet sein; Faustschläge sind untersagt) auf Höhe des Oberkörpers, des Gesichts oder der Arme wegzuschieben. Diese im Laufen ausgeführte Geste ist oft sehr wirksam, um einen Gegner aus dem Weg zu räumen.*

Hakenschlagen *ist ein abrupter Richtungswechsel, den der Ballträger im Laufen ausführt. Er überwindet durch sein Täuschungsmanöver somit seinen Gegner.*

Bei der ***Körpertäuschung*** *stürzt man geradewegs auf einen Gegner zu, um ihn an Ort und Stelle zu »fixieren«. Wenn der Gegner so immobilisiert wurde, überlauft ihn der Angreifer, indem er plötzlich von einer zur anderen Seite wechselt.*

Wie kann die Verteidigungsreihe mit einem Kick überwunden werden?

Ganz einfach durch das Treten des Balls nach vorne, über die gegnerische Verteidigungsreihe hinweg. Der Kick kann weit (man spricht dann von einem Befreiungskick) sein, hoch, kurz oder ein Streiftritt sein.

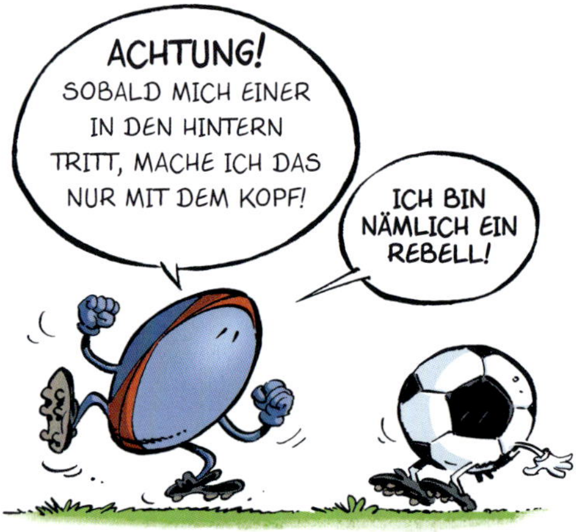

Wenn diese Kicks gelingen, ist der Weg zu einem Versuch mehr als geebnet, solange der Spieler, der den Ball empfängt, gute Beine hat.

Aber Vorsicht vor dem zufälligen Aufprall des Balls, der seinen Empfang behindern könnte… Wenn es Verteidiger sind, die ihn sich vor dem Treter oder seinen Mitspielern nehmen, können sie furchterregende Gegenangriffe starten …

Was nennt man einen direkten Angriff?

Einen Neustart des Spiels, der stets nach einer statischen Spielphase, wie einer Gasse, einem Gedränge oder einem Antritt ausgeführt wird.

Im Gegensatz dazu wird gelegentlich der Begriff »indirekter Angriff« verwendet, um einen Spielneustart nach einer Fixierungs-Spielphase (Tackling, offenes Gedränge oder Paket …) zu beschreiben.

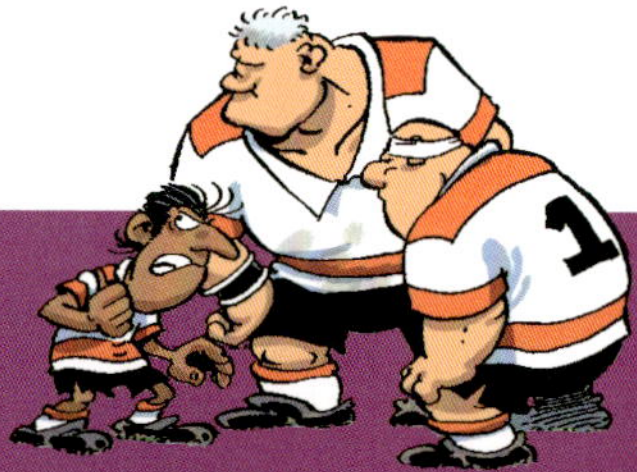

Mehr Details:

Öffnung des Spiels mit offener oder geschlossener Seite

Jede Spielphase unterteilt die Breite des Spielfelds in zwei Bereiche, die selten gleich groß sind. Man nennt den größeren Teil dieser Bereiche offene (oder große) Seite, da sie am meisten Platz zwischen der Ballposition und der Seitenauslinie (in diesem Fall die weiter entfernte) bietet. Die geschlossene Seite (oder kleine Seite) ist die andere Hälfte des Platzes, die am wenigsten Platz bietet.

Wenn ein Spieler – meist der Gedrängehalb (Nr. 9) oder der Verbinder (Nr. 10) – den Ball erobert und ihn zur Hintermannschaft passt, sagt man, er »öffnet« das Spiel. Je nachdem, für welche Seite er sich entscheidet, öffnet er es zur offenen (in Richtung der großen Räume) oder zur geschlossenen (zur kleinen) Seite. Bei seiner Wahl geht es auch darum, die gegnerische Abwehr zu täuschen.

5

DAS RUGBYUNIVERSUM

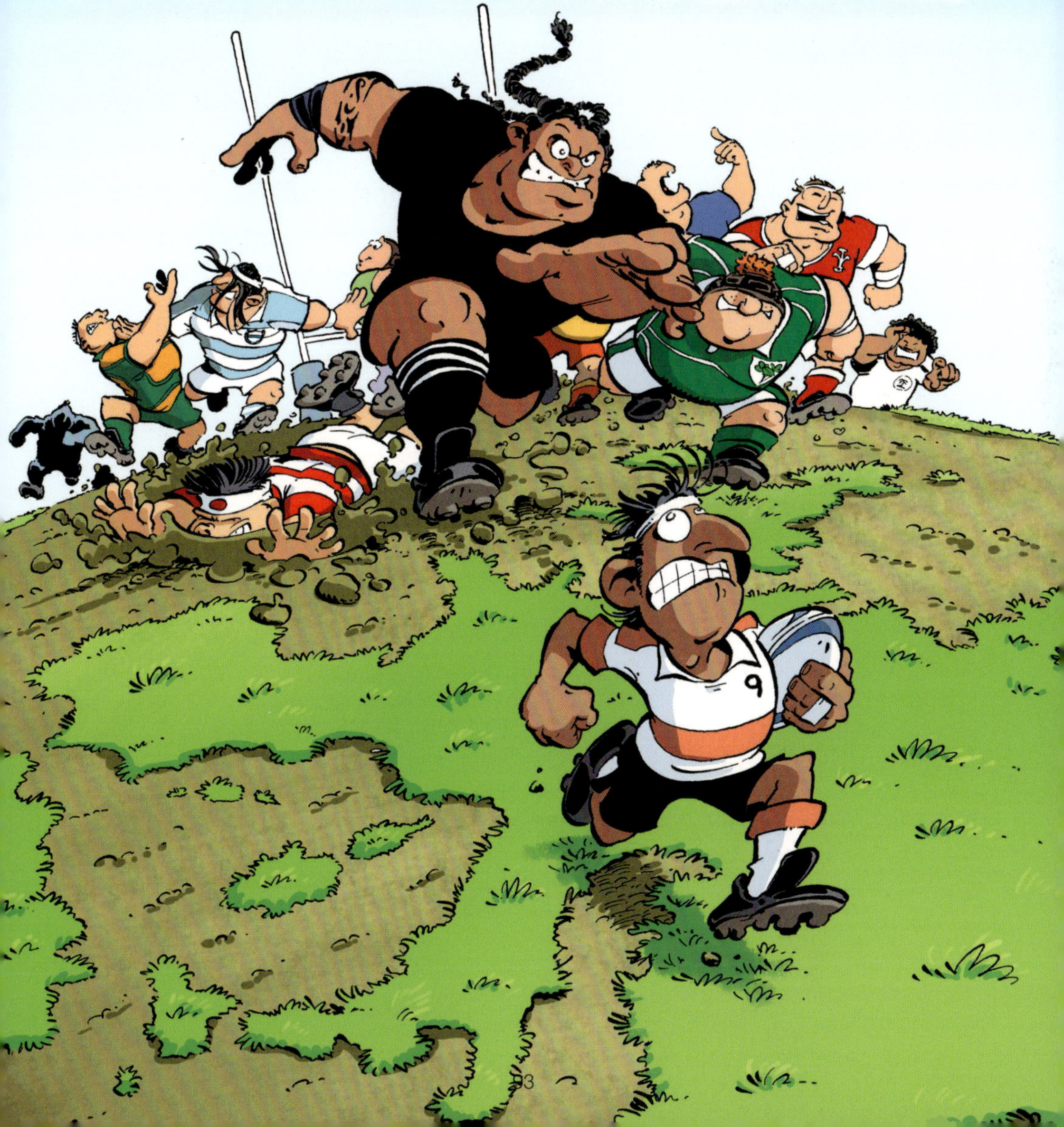

VERSCHIEDENE RUGBYSPIELWEISEN

Wie entstand das 7er-Rugby?

Um den kleinen schottischen Club Melrose vor der Pleite zu bewahren, wurde in den 1880er-Jahren ein Minirugbyturnier organisiert, in dem Teams aus sieben Spielern gegeneinander spielten. Der Erfolg ließ nicht auf sich warten – und rettete den Club! Die Begeisterung war so groß, dass weitere Turniere in der 7er-Variante entstanden. 1993 fand in Schottland die erste WM statt, 2016 war das 7er-Rugby erstmals eine olympische Disziplin. Größter Erfolg einer deutschen Mannschaft im olympischen Rugby war 2019 der Europameistertitel: Nachdem das Team bereits den Titelverteidiger Irland und die starken Franzosen aus dem Wettbewerb geworfen hatte, besiegte es Spanien beim Finale der Rugby Europe Grand Prix Series (GPS) im polnischen Lodz überzeugend mit 28:14 (14:7).

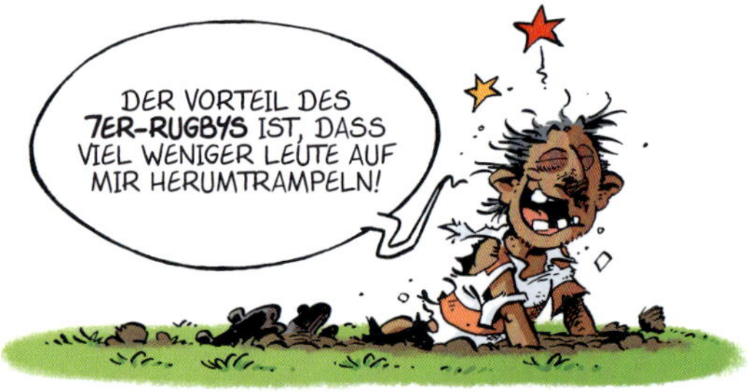

Wie wird 7er-Rugby gespielt?

Mit sieben statt 15 Spielern: drei Stürmer (2 Pfeiler, 1 Hakler mit den Nummern 1, 2, 3), einem Gedrängehalb (Nr. 4) und drei Spielern der Hintermannschaft (Nr. 5, 6, 7). Ergänzt werden sie von fünf Auswechselspielern. Ein aus taktischen Gründen ausgewechselter Spieler kann in der Folge nicht mehr auf das Spielfeld zurückkehren (außer um einen Spieler, der entweder blutet oder bei dem der Verdacht auf eine Gehirnerschütterung besteht, temporär zu ersetzen). Das Spielfeld ist gleich groß wie bei der 15er-Variante. Ein Spiel dauert zwei Halbzeiten à sieben Minuten, unterbrochen von einer Pause von einer Minute; nur im Finale dauert jede Halbzeit zehn Minuten bei einer zweiminütigen Pause. Im Fall eines Unentschiedens sind zwei jeweils fünfminütige Verlängerungen vorgesehen, wobei das Spiel beendet ist, sobald eine Mannschaft in der Verlängerung einen Treffer erzielt.
Gedränge werden mit den drei Stürmern jedes Teams gespielt. Der Ball wird von der linken Seite des Teams, das im Ballbesitz war, eingeworfen. Die Punktevergabe entspricht der 15er-Variante: Treffer nach Sprungtritt 3 Punkte, Versuch 5 Punkte, Erhöhungstritt 2 Punkte. Der einzige Unterschied: Erhöhungstritte, Antritte und Wiederantritte sind im Sprungtritt auszuführen.

Was ist das 10er-Rugby?

Diese Variante wird mit fünf Stürmern und fünf Hintermännern gespielt, ist aber heute nur noch selten auf einem Platz zu sehen.

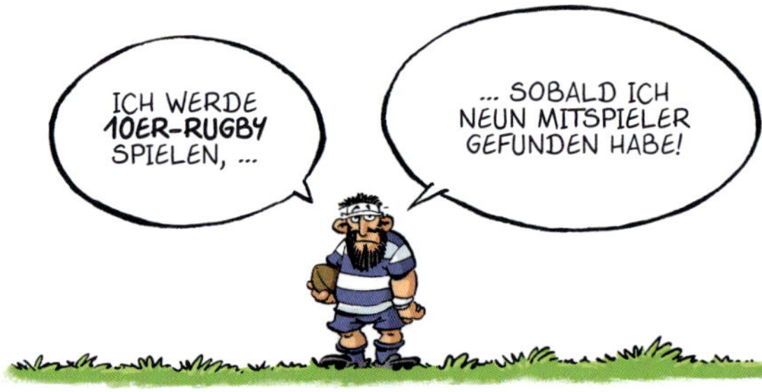

Was ist das 13er-Rugby?

Diese (mehr unter dem Namen »Rugby League« verbreitete Variante) entstand 1895 aufgrund von Differenzen zwischen nordenglischen und Londoner Vereinen. In den nordenglischen Vereinen spielten hauptsächlich Arbeiter und Bergmänner – auf ihre eigenen Kosten in der Arbeitszeit. Die Londoner Clubs setzten sich mehrheitlich aus Mittelschichtsbürgern und Akademikern zusammen, die allein zu ihrem Vergnügen spielten. Als die nordenglischen Clubs eine Entschädigung für ihren Lohnausfall sowie die Erstattung ihrer Arztkosten forderten, lehnten die Londoner Clubs dies kategorisch ab – um für sich selbst den Amateurstatus beizubehalten. In der Folge gründeten die nordenglischen Clubs 1895 einen unabhängigen Verband, in dem die Kosten der Spieler übernommen werden konnten. Der Eintritt ins Stadion war nun kostenpflichtig; um das Spiel spektakulärer zu gestalten, reduzierte man im Jahr 1903 die Teams von 15 auf 13 Spieler. Heute ist diese Variante besonders in Australien sehr populär.

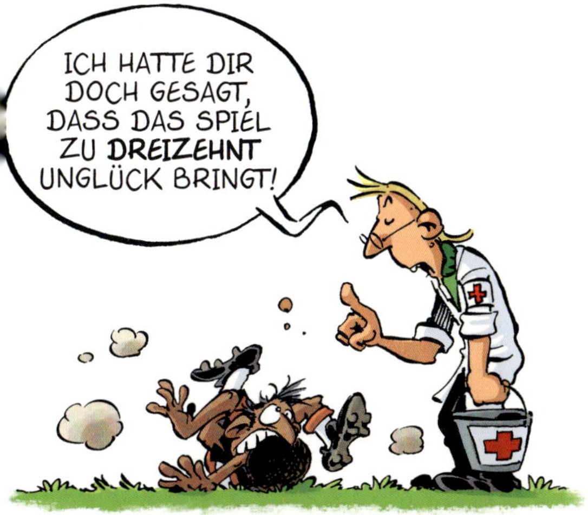

Wie wird das 13er-Rugby gespielt?

Die Regeln von Rugby League unterscheiden sich ein wenig von denen der 15er-Variante (Rugby Union). Gasse und Gedränge werden durch simple Wiedereinwürfe des Balls ersetzt. Die Spieler dürfen nur sechs Aktionen durchführen, um einen Versuch zu erzielen; wird dies nicht eingehalten, muss der Ball an den Gegner übergeben werden. Diese müssen den Ballträger fest am Boden halten, um ihn zu stoppen. Für einen Versuch gibt es vier Punkte, für einen Straftritt oder einen Erhöhungstritt zwei und für einen Treffer nach Sprungtritt einen Punkt.

Was ist »Touch Rugby«?

Eine Rugbyvariante, bei der sich zwei Teams à sechs Spieler auf einem etwa halb so großen Spielfeld wie beim traditionellen 15er-Rugby gegenüberstehen. Auch der Ball ist kleiner als beim traditionellen Rugby. Tackeln ist untersagt, stattdessen gibt es »Touches« (Berührungen): ein einfacher, mit einer Hand oder mit beiden Händen ausgeführten Kontakt mit dem Ballträger (oder dem Ball selbst), den man durch das Rufen von »Touch« anzeigt. Nach einem »Touch« behält der Spieler den Ball, muss aber unverzüglich stehen bleiben, während die gegnerische Mannschaft sich fünf Meter zurückzuziehen hat. Der berührte Spieler spielt nun den Ball an der Stelle des »Touches«. Nach sechs Touches erhält das gegnerische Team den Ball. Dieser muss auch dann übergeben werden, wenn ein Spieler den Ball nach vorne passt, wenn der Ball zu Boden fällt oder der Ballträger die Seitenlinien übertritt … Ziel des Spiels ist es wie stets, Punkte zu erzielen; aber Kicken (Erhöhungstritt, Sprungtritte und Straftritte) sind untersagt. Statt einem Straftritt gibt es einen Spielball für die gegnerische Mannschaft, mit einem 10-m-Antritt für das Team, das den Fehler begangen hat.

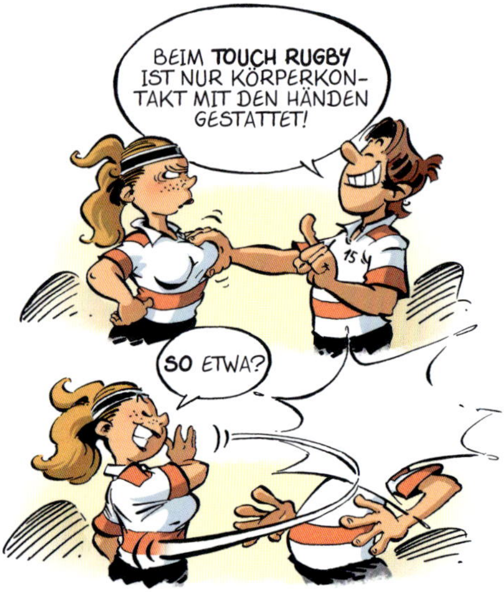

Wie wird Beach Rugby gespielt?

Auf Sand, die Spieler tragen ein Trikot, kurze Hosen (Shorts) und Unterwäsche, Strümpfe und/oder weiche, biegsame Schuhe. Das Spielfeld ist nicht länger als 50 m und nicht breiter als 35 m, das Malfeld nicht länger als 5 m und nicht breiter als 35 m. Jedes Team setzt sich aus fünf Spielern und zwei Auswechsel-/Ersatzspielern zusammen. Ein Spiel dauert nicht länger als zwölf Minuten plus verlorene Zeit, Verlängerung und andere besondere Bedingungen. Ein Spiel ist in zwei Halbzeiten unterteilt, beide nicht länger als sechs Minuten Spielzeit. Das Endspiel eines Turniers darf nicht länger als 14 Minuten plus verlorene Zeit und Verlängerung dauern, es ist in zwei Halbzeiten (beide nicht länger als sieben Minuten) unterteilt. Diese Angaben entsprechen den Beach-Rugby-Variationen des Weltverbands (WR), wie sie (deutsch) auf der Website des Deutschen Rugby-Verbands unter www.drvreferees.de/laws-variations abgerufen werden können. Weitere Variationen (Beach Touch Rugby, Beach Tag Rugby, Beach Fives Rugby) findet man (englisch) auf der Website des Weltverbands unter http://laws.world rugby.org/index.php?domain=7&language=EN. Alle Varianten haben drei Gemeinsamkeiten: ein sehr viel kleineres Spielfeld gegenüber den gewönlichen Rugbyspielfeldern, weniger Spieler und ein vereinfachtes Punktesystem.

Gibt es Rugby für Menschen mit Handicap?

Ja – in Form von Rollstuhlrugby, das von zwei Mannschaften à vier Spielern im Rollstuhl auf einem Basketballfeld mit einem Volleyball gespielt wird. Punkte werden erzielt, wenn der balltragende Spieler die gegnerische Torlinie mit zwei Rädern überquert oder berührt. Ein Spiel besteht aus vier Spielabschnitten à acht Minuten. Damit die Mannschaften ausgewogen sind, bekommt jeder Spieler je nach dem Grad seiner Behinderung eine entsprechende Punkteanzahl (zwischen 0,5 und 3,5). Keine Mannschaft darf mehr als insgesamt acht Punkte haben. Rollstuhlrugby ist eine paralympische Sportart; es gibt auch Weltmeisterschaften.

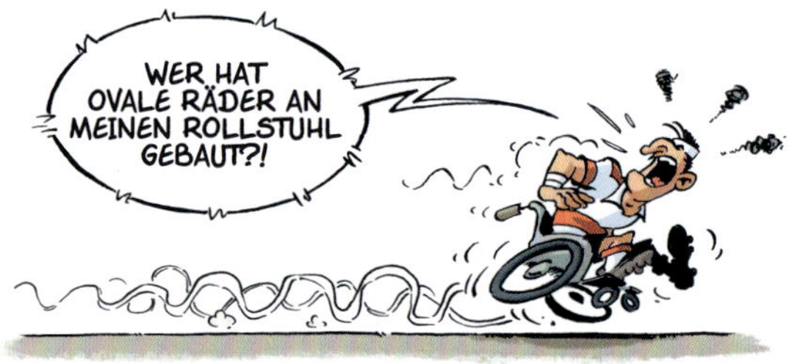

DIE GROSSE RUGBYFAMILIE

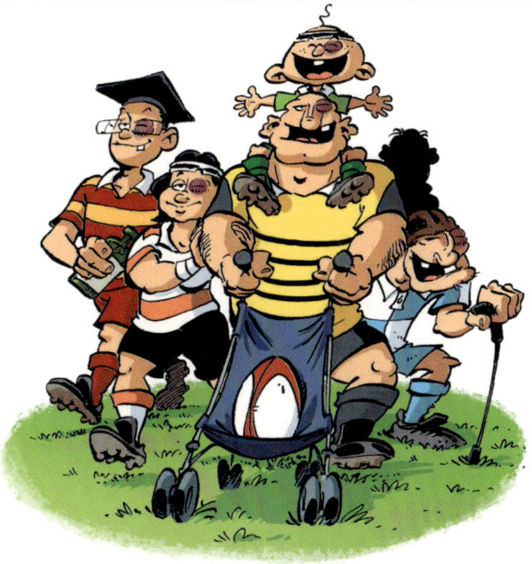

Ist Rugby nur was für Männer?

Keineswegs. In Deutschland kümmert sich die Frauenorganisation (Deutsche Rugby-Frauen, DRF) des Deutschen Rugby-Verbandes (DRV, siehe S. 99) um die Belange des deutschen Frauenrugbys; seit 2017 gibt es auch einen Verein zur Förderung des deutschen Frauenrugby (VFDFR, https://foerderverein-frauenrugby.com). Eine erste deutsche Meisterschaft für Frauen wurde 1988 ausgetragen, seit der Saison 1992/93 gibt es auch eine Bundesliga wie bei den Männern. Gespielt wird nach den internationalen, für Frauen wie Männer gleichermaßen gültigen Rugby-Union-Regeln. Alle vier Jahre findet die Rugbyweltmeisterschaft der Frauen statt – 2021 erstmals in der südlichen Hemisphäre, in Neuseeland. Im Jahr 1989 wurde eine erste deutsche Frauenrugbynationalmannschaft aufgestellt, 1998 durfte sie an einer ersten WM (in Amsterdam) teilnehmen. Eine Teilnahme bei den olympischen 7er-Rugbyturnieren 2020 in Tokio verpasste die deutsche Frauennationalmannschaft genauso wie die der Männer; allerdings waren die Frauen auch nur als krasse Außenseiter in die Olympiaqualifikation gegangen – schon der dafür erforderliche Wiederaufstieg 2019 ins europäische Oberhaus des olympischen 7er-Rugbys galt als sportliche Sensation.

Wer kümmert sich um den Rugby-Nachwuchs?

In Deutschland die im Jahr 1968 gegründete Jugendorganisation des DRV, die Deutsche Rugby-Jugend (DRJ). Sie betreut die Jugendwettbewerbe und die Nationalmannschaft der U16 und U18. Zur Unterstützung des Rugby-Nachwuchses an den Schulen gibt es eine eigens dafür einberufene Schulkommission.

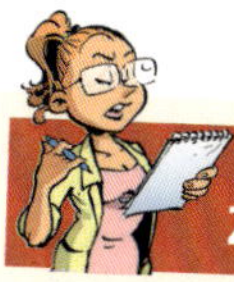

Zusatzinfo

Integration pur: Rugby United

Dass es ein in Deutschland erfundenes und auf der ganzen Welt verbreitetes »Rentner-Rugby (RR)« gebe, ist leider nur eine Erfindung der (sinn-)freien Humor- und Satire-Enzyklopädie Stupidedia. Anders verhält es sich zum Glück bei dem von drei Spielerinnen der Rugbyabteilung des ASV Köln ins Leben gerufenen Projekts »Rugby United«, das sich gezielt auch an Flüchtlinge wendet und so die enorme integrative Kraft des Sports nutzt.

RUGBY IN DEUTSCHLAND

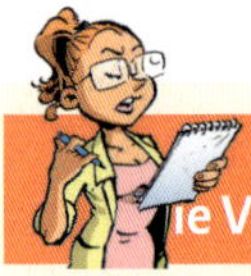

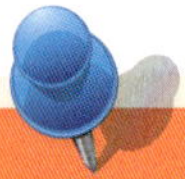

ie Vereine des DRV

· Baden-Württemberg
Heidelberger RK
SC Neuenheim 02
RG Heidelberg
TSV Handschuhsheim
Heidelbelberger TV
TV Pforzheim
Stuttgarter RC
Karlsruher SV
RC Rottweil
Neckarsulmer SU
Freiburger RC
RC Konstanz
TB 1889 Rohrbach
TSB Ravenburg Ravens
Heidelberg College
1. CfR Pforzheim
TB Neckarhausen
TSV Hirschau-Tübingen

· Bayern
München RFC
StuSta München
TSV 1846 Nürnberg
RFC Augsburg
TV 1861 Ingolstadt
TuS Fürstenfeldbruck
RFC Bad Reichenhall
RC Regensburg 2000
RC Unterföhring
SC Herzogenaurach-Nord
FC Eintracht Bamberg
VfB Schwarz-Rot Ulm
Würzburg RK
1. SC Gröbenzell
Bayreuther TS 1861
RC Meteors Nördlingen
Illesheim RFC
TV von 1848 Coburg e.V.
ESV Freimann (St George's RUFC)
SV Anzing
RC Landsberg am Lech
SV Raigering
TV 1860 Bad Windsheim
TSV 1877 Burgbernheim
KSC Gemünden
Team München
TV Kempten
TV 1848 Erlangen

· Berlin
Berliner RC
RK 03 Berlin
Berliner SV 1892
SC Siemensstadt
Berliner SC
RC Berlin Grizzlies
Berlin Bruisers

· Brandenburg
USV Potsdam
RU Hohen Neuendorf
Veltener RC
Stahl Hennigsdorf
SG Stahl Brandenburg
RC Trebbin
RC Oranien Raptors

· Bremen
Bremen 1860
FC Union Bremen 60

· Hamburg
FC St. Pauli
Hamburger RC
Hamburg Exiles RFC
HSV
Eimsbüttler Koalas

· Hessen
RK Heusenstamm
SC Frankfurt 1880
SG Eintracht Frankfurt
BSC Offenbach
RK Bad Soden
RU Marburg
TG 75 Darmstadt
TGS Hausen
TSV Krofdorf-Gleiberg
URC Gießen
Rugby Cassel

· Niedersachsen
Hannover 78
SC Germania List
TSV Victoria Linden
SV 08 Ricklingen
DRC Hannover
SV Odin
VfR Döhren 1906
FC Schwalbe
Welfen SC Braunschweig
SCW Göttingen 1913
FC Rastede
SC Varel
VfL Jesteburg Wombats
TSV Karlshöfen
TSV Egestorf
FSG Pollhagen Nordsehl
Lauenhagen
Osnabrück RFC
Royal RFC Schaumburg

· Nordrhein-Westfalen
RSV Köln
TuS 95 Düsseldorf
RC Aachen
RC Hürth
RC Bonn-Rhein-Sieg
RFC Dortmund
Wiedenbrücker TV
RC Bielefeld
WMTV Solingen Zebras
Grashof RC Essen
TSV Bochholt v. 1876/1896
RC Krefeld
Rugby Tourists Münster
Wittener TV
ISD Sportverein
RFC Paderborn United
Brühler TV

· Rheinland-Pfalz
RC Mainz
FSV Trier-Tarforst
RC Worms
SG Hochspeyer
VfL Bad Ems

· Saarland
Stade Sarrois Rugby

· Sachsen
RC Leipzig
Leipzig Scorpions
RC Dresden
SV Horken-Kittlitz
ATSV Grubenhunte Freiberg

· Schleswig-Holstein
FT Adler Kiel
TuS Lübeck
SV Dynamo Rostock e.V.

· Thürigen
SSV Erfurt Nord Oaks
Eastern Province RC Gera
USV Jena
USV Halle

Wie hat sich Rugby in Deutschland etabliert?

Die Wiege des deutschen Rugbysports steht in Heidelberg, wo am 8. Mai 1872 die Mitglieder der Bootsgemeinschaft Bismarck den Deutschen Flaggen-Club gründeten, aus dem der bis heute aktive Heidelberger Ruderklub 1872 e.V. (HRK) hervorging. Der Tatsache, dass sich die Ruderer nicht nur für ihren Sport begeisterten,

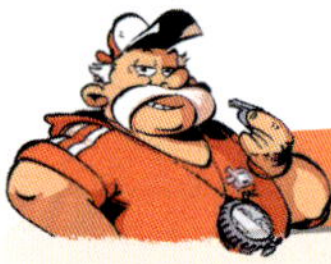

Anekdote

Sternstunden des Sports

Was für Deutschland das »Wunder von Bern« war (der Gewinn der Fußball-Weltmeisterschaft im Jahr 1954), war für Südafrika der Gewinn der Rugby-Weltmeisterschaft 1995 im eigenen Land. Mit ihrem Finalsieg über die als unbezwingbar geltenden Ungarn erzeugten die Fußballhelden um den Kapitän Fritz Walter und Bundestrainer Sepp Herberger eine Aufbruchstimmung, die später als »eigentliche Geburtsstunde« der tatsächlich fünf Jahre zuvor, 1949, gegründeten und bis dahin in Nachkriegstristesse erstarrten Bundesrepublik Deutschland verklärt wurde. Für Südafrika bedeutete der Gewinn der Rugby-WM nach dem Ende der Apartheid ein ähnliches, das ganze Land einigendes Ereignis: Der Moment, in dem der Friedensnobelpreisträger Nelson Mandela als erster farbiger Präsident des Landes dem weißen Kapitän des Teams, Francois Pienaar, den WM-Pokal überreichte, wurde zu einem Gleichnis für die Aussöhnung zwischen Weiß und Schwarz am Kap der guten Hoffnung.

sondern auch eine Rugby-Abteilung gründeten, verdankt der HRK seinen Eintrag als ältester Rugbyverein in die Annalen der deutschen Rugbygeschichte. Aber schon sechs Jahre später, 1878, wurde mit dem ebenfalls bis heute aktiven Deutschen Sportverein Hannover der erste Verein Deutschlands gegründet, der sich ausschließlich dem Rasensport widmete. Dass man sich hier wie da für den (seinen Ursprung in England habenden) Sport begeisterte, lag am Einfluss junger, wohlhabender Briten, die deutsche Privatgymnasien besuchten, an den hiesigen Universitäten studierten oder in der Residenzstadt Hannover ihren Militärdienst versahen und in ihrer Freizeit gern Rugby spielten. So führte William Cail im Jahr 1865 das Rugbyspiel in Stuttgart und Bad Cannstatt ein; in Heidelberg begeisterte bereits um 1850 der Pädagoge Edward Hill Ullrich, selbst »ein halber Engländer«, sein Umfeld für

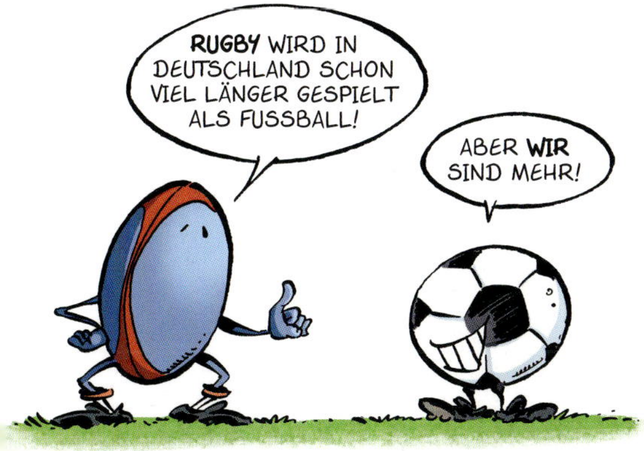

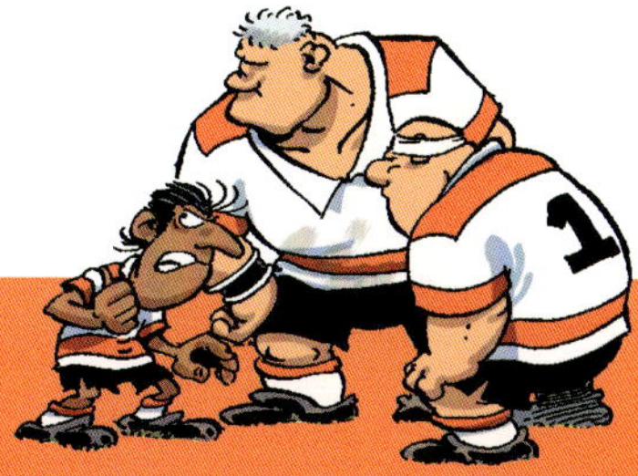

Mehr Details:

Der Deutsche Rugby-Verband (DRV)

Der am 4. November 1900 in Kassel zunächst noch innerhalb des Deutschen Fußball-Bundes (DFB) gegründete, heute in Hannover anssäsige Deutsche Rugby-Verband (DRV) ist die oberste und einzige Verwaltungsorganisation des 15er- und 7er-Rugbys für Frauen und Männer jeden Alters in Deutschland. Unter seinem Dach vereinen sich 14 Landesverbände und 137 Vereine (siehe die Übersicht auf der linken Seite) mit fast 16000 Mitgliedern. Unterverbände sind die Deutsche Rugby-Jugend (DRJ), die Schiedsrichtervereinigung (SDRV) und die Deutschen Rugby-Frauen (DRF).

Der Deutsche Rugby-Verband ist Gründungsmitglied des Deutschen Olympischen Sportbundes und des europäischen Verbandes Rugby Europe sowie Mitglied des Weltverbandes World Rugby (WR).

Kontakt:

Deutscher Rugby-Verband e.V. (DRV)
Ferdinand-Wilhelm-Fricke-Weg 10
30169 Hannover
Tel. 0511/14763
www.rugby-verband.de

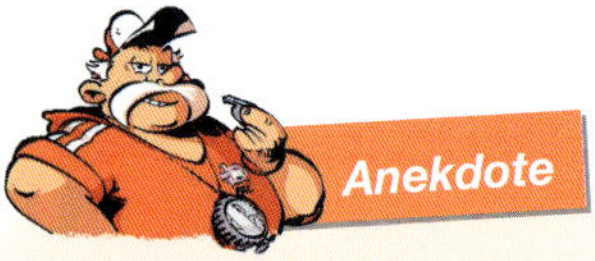

Zwei ungleiche Brüder

Der Legende nach soll der Internatsschüler William Webb Ellis im Jahr 1823 den Rugbysport erfunden haben, als er während eines Fußballspiels in der mittelenglischen Stadt Rugby spontan den Ball unter den Arm nahm, losstürmte und die Kugel ins gegnerische Tor legte. Eindeutig belegen lässt sich das zwar nicht (gesichert ist allein die Existenz eines Schülers diesen Namens in dieser Zeit an diesem Ort); aber dass Rugby und Fußball zwei ungleiche Brüder sind, die sich irgendwann auseinander entwickelt haben, ist unbestritten. Eine klare Trennung zwischen diesen beiden Sportarten erfolgte erst im Jahr 1871, als sich die Rugby Football Union (RFU) von der Football Association (FA) abspaltete und von nun an u.a. um die Standardisierung der bereits zuvor in Rugby entwickelten Regeln kümmerte. Der für diesen Sport typische, durch seine ovale Form das Tragen am Körper erleichternde Ball wurde erstmals im Jahr 1851 von dem in Rugby ansässigen Schuh- und Ballhersteller Gilbert angefertigt.

diesen Sport, und in Hannover waren es englische Freunde und Mitschüler von Ferdinand Wilhelm Fricke im Realgymnasium am Georgsplatz, die die Passion des späteren Vereinsgründers für Rugby entfachten. Heidelberg und Hannover sind noch bis heute die Hochburgen des deutschen Rugbysports; gut zwei Drittel aller nationalen Titel wurden von Vereinen aus diesen beiden Städten gewonnen. Rekordmeister bei den Herren ist der in Hannover ansässige TSV Victoria Linden, bei den Damen führt der Heidelberger Stadtteilklub SC Neuenheim die Statistik an. Darüber hinaus hat sich der deutsche Rugbysport auch in vielen anderen Städten und Regionen ständig weiterentwickelt. Erfolgreich Rugby gespielt wird beispielsweise auch in den Metropolen Berlin und Hamburg sowie im Raum Frankfurt, wo sich der SC 1880 und der RK Heusenstamm als wichtige Aushängeschilder ihres Sports mit Jugendförderung und Leistungssport auf höchstem Niveau etablieren konnten.

Wie ist das deutsche Rugby organisiert?

Der Deutsche Rugby-Verband (DRV) stellt die Deutschen Nationalmannschaften verschiedener Kategorien für Europa- und Weltmeisterschaften, organisiert den Ligaspielbetrieb der Rugby-Bundesliga sowie der 2. Bundesligen Nord und Süd bei den Frauen und Männern. Zudem engagiert er sich in der Aus- und Fortbildung von Übungsleitern, Trainern, Lehrern, Schiedsrichtern. Den Spielbetrieb der Regional- und Verbandsligen sowie die Meisterschaften und Turniere der Kinder und Jugendlichen organisieren die jeweiligen Landesverbände.

Auskunft über das aktuelle Geschehen gibt neben der Website des DRV die mit ihm kooperierende Internetplattform TotalRugby.de.

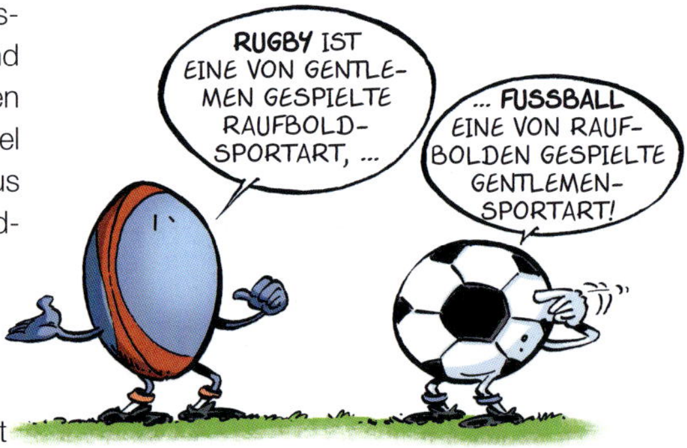

DIE GROSSEN RUGBY-NATIONEN

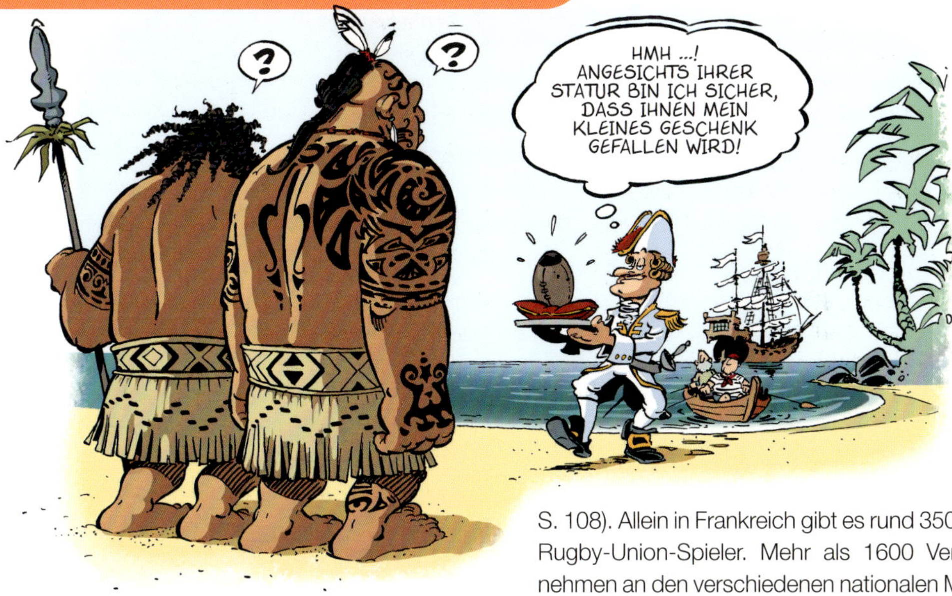

Wie hat sich der Rugbysport in der Welt verbreitet?

Von England aus verbreitete sich Rugby rasch im ganzen Vereinigten Königreich und machte aus Schottland, Wales und Irland Vorreiternationen dieses Sports. Engländer waren es auch, die Rugby nach Frankreich brachten, nach Südafrika, Australien, Neuseeland, Argentinien – und schließlich in die ganze Welt.

Was sind die bedeutendsten Rugbynationen der Welt?

In Europa sind das England, Schottland, Irland, Wales, Italien und Frankreich, allesamt Teilnehmerländer des Six-Nations-Turniers (siehe auch S. 108). Allein in Frankreich gibt es rund 350 000 Rugby-Union-Spieler. Mehr als 1600 Vereine nehmen an den verschiedenen nationalen Meisterschaften teil, die französischen Nationalteams (Frauen und Männer) bestreiten jedes Jahr neben dem Six-Nations-Turnier noch diverse Länderspiele und Tourneen im Ausland (Testspiele); hinzu kommt alle vier Jahre die Rugby- Weltmeisterschaft. Auch in den meisten übrigen europäischen Ländern wird Rugby gespielt. So kann Rumänien auf eine große Rugbytradition zurückblicken, genauso wie Spanien und Portugal, wo dieser Sport seit einigen Jahren immer mehr Zulauf bekommt.

Die wichtigsten Rugbynationen der südlichen Halbkugel sind Südafrika, Australien, Argentinien und Neuseeland sowie die Fidschi-Inseln, Samoa und Tonga (kleine Inselstaaten im Pazifik östlich von Australien).

Woher stammt der Name einiger Teams?

Auf einer Tournee des neuseeländischen Teams durch England im Jahr 1905 war ein britischer Journalist stark beeindruckt davon, dass die Stürmer ähnlich schnell waren wie die Hintermannschaft. Er schrieb daher in seinem Artikel »They're all back!« (»Sie sind alle Hintermannschaftsspieler!). Da die Neuseeländer alle schwarze Trikots trugen, dachte eine Redakteurin der Zeitung, es handele sich um einen Tippfehler und korrigierte den Satz in »They're all blacks!« (Sie sind alle schwarz angezogen!) Seitdem wird die neuseeländische Mannschaft auf der ganzen Welt **All Blacks** genannt.

Im darauffolgenden Jahr tourten die Südafrikaner durch England. Um nicht ebenfalls von der britischen Presse einen Spitznamen verpasst zu bekommen, gaben sie sich selbst einen: **Springboks**, nach einer in ihrer Heimat vorkommenden, wieselflinken und aus dem Stand bis zu dreieinhalb Meter hoch springen könnenden Antilopenart.

Zwei Jahre später, 1908, waren die Australier an der Reihe, sich vor den britischen Fans zu bewähren. Die Presse wollte dem Team den Spitznamen »Rabbits« (Hasen) geben, doch damit waren die Australier nicht einverstanden und tauften sich selbst auf den Spitznamen **Wallabies**, nach dem gleichnamigen australischen Beuteltier, einer kleineren Känguruart.

Die Argentinier wählten als Verbandswappen einen Jaguar, den ein Journalist mit einem Puma verwechselte. Fortan wurde das argentinische Team nur noch **Los Pumas** genannt – und übernahm den Namen schließlich sogar selbst (ohne das Wappentier zu ändern).

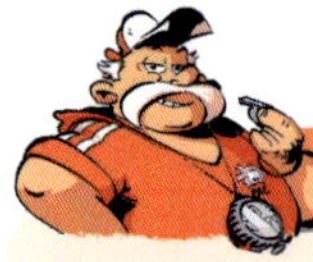

Anekdote

Wales und der Lauch

Das walisische Emblem besteht aus drei Straußenfedern. Dies lässt sich zurückführen auf die Schlacht bei Crécy im Jahr 1346, wo die vom Helm eines besiegten Gegners genommenen Federn zum Symbol des Sieges und dem Emblem des Prince of Wales wurden.
Das walisische Team wird aber auch oft »Die Lauchmannschaft« genannt. Das soll sich auf eine noch viel weiter zurückliegende Schlacht zwischen den Walisern und den Engländern beziehen, bei denen die Waliser Lauch als Erkennungszeichen an ihren Helmen befestigten und ihn danach noch lange aufbewahrten.

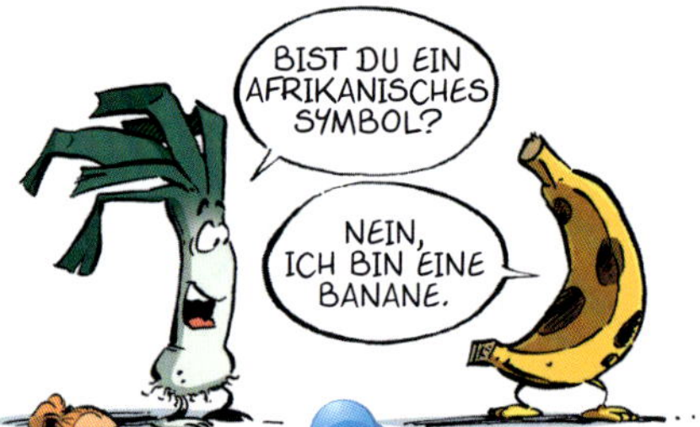

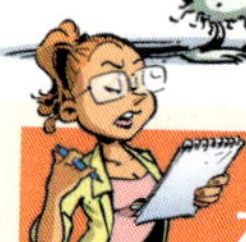

Zusatzinfo

Was ist der »Haka« der All Blacks?

Dabei handelt es sich um einen überlieferten rituellen Tanz, den die Maori – die Ureinwohner Neuseelands – bei Zeremonien oder bevor sie in den Krieg zogen, aufführten. Damit lassen sich die verschiedensten Gefühle, Freude und Wut genauso wie Rachegelüste, ausdrücken … Die All Blacks führen ihn vor jedem ihrer Länderspiele auf, um den Gegner einzuschüchtern. Andere Teams aus Ozeanien, von den Fidschi-Inseln, aus Samoa und Tonga etwa, führen ebenfalls vor dem Spiel rituelle Tänze auf, die an den Haka erinnern.

Welche anderen bedeutenden Nationen gibt es in der Rugbyszene?

Es werden immer mehr, über alle Kontinente verteilt … So ist Rugby zum Beispiel auch In Afrika sehr beliebt, insbesondere in Namibia, in Uganda, im Senegal, im Tschad und in vielen anderen Ländern – bis hin zu Madagaskar!

Auch auf dem amerikanischen Kontinent wird Rugby gespielt, vor allem in Kanada und in den USA. Die USA sind übrigens der amtierende Olympiasieger im Rugby Union nach ihrem Sieg über Frankreich im Jahr 1924. Rugby Union verschwand danach von der Liste der olympischen Disziplinen, bis dieser Sport in Rio 2016 erneut olympisch wurde – in der 7er-Variante. Was vermutlich kein Zufall ist: An der Copacabana in Rio de Janeiro gibt es viele begeisterte Beach-Rugby-Spieler und Spielerinnen.

Rugby wird auch in Georgien, in Russland und in Japan gespielt! Japan gehört sogar zu den fünf Ländern mit den meisten Aktiven. So wird der Planet Rugby von Jahr zu Jahr größer. 102 Verbände gehören aktuell dem Weltverband World Rugby (WR) an, allein 40 in Europa.

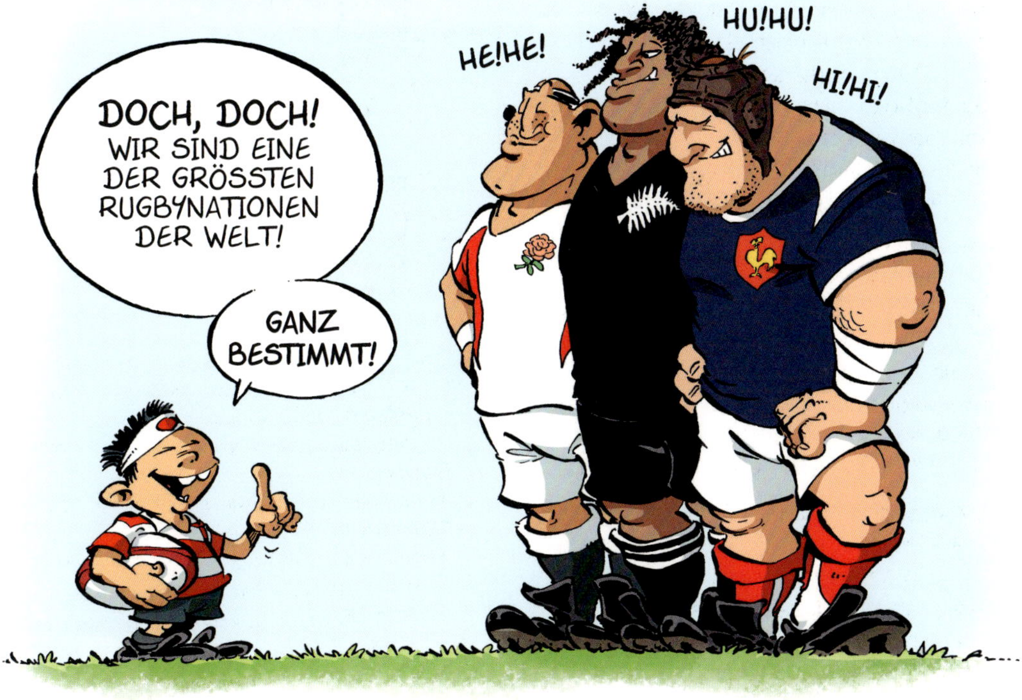

WO AUF DER WELT WIRD RUGBY GESPIELT?

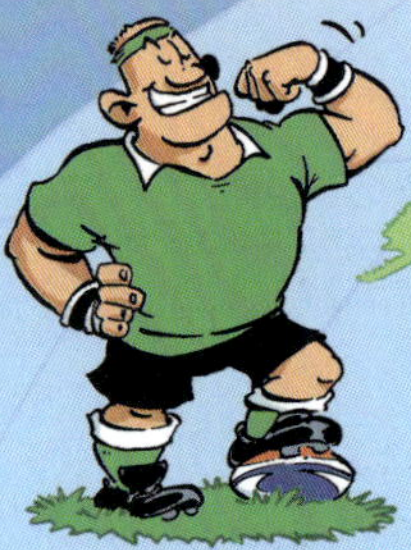

Länder unter den ersten 15 des WR-Rankings.

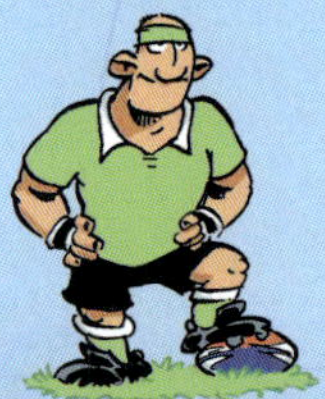

Länder auf den Plätzen 16 bis 30 des WR-Rankings.

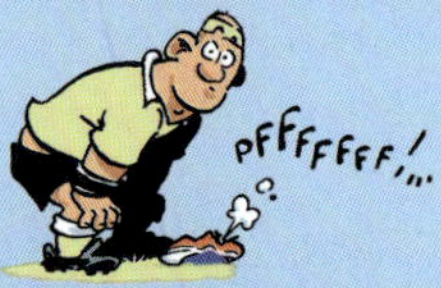

Mitgliedsverbände des WR

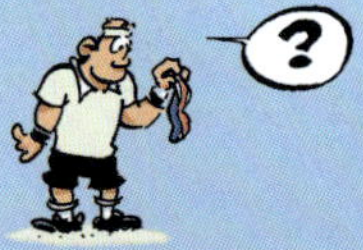

Länder, in denen nur wenig Rugby gespielt wird – bis jetzt!

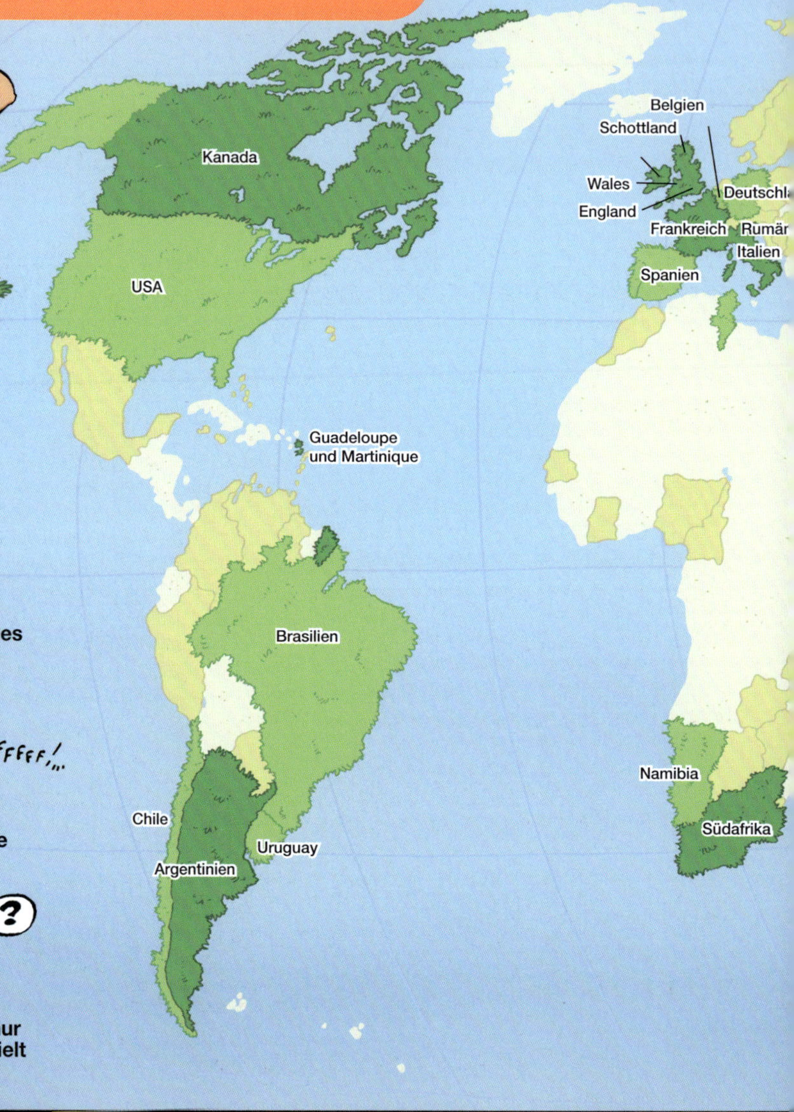

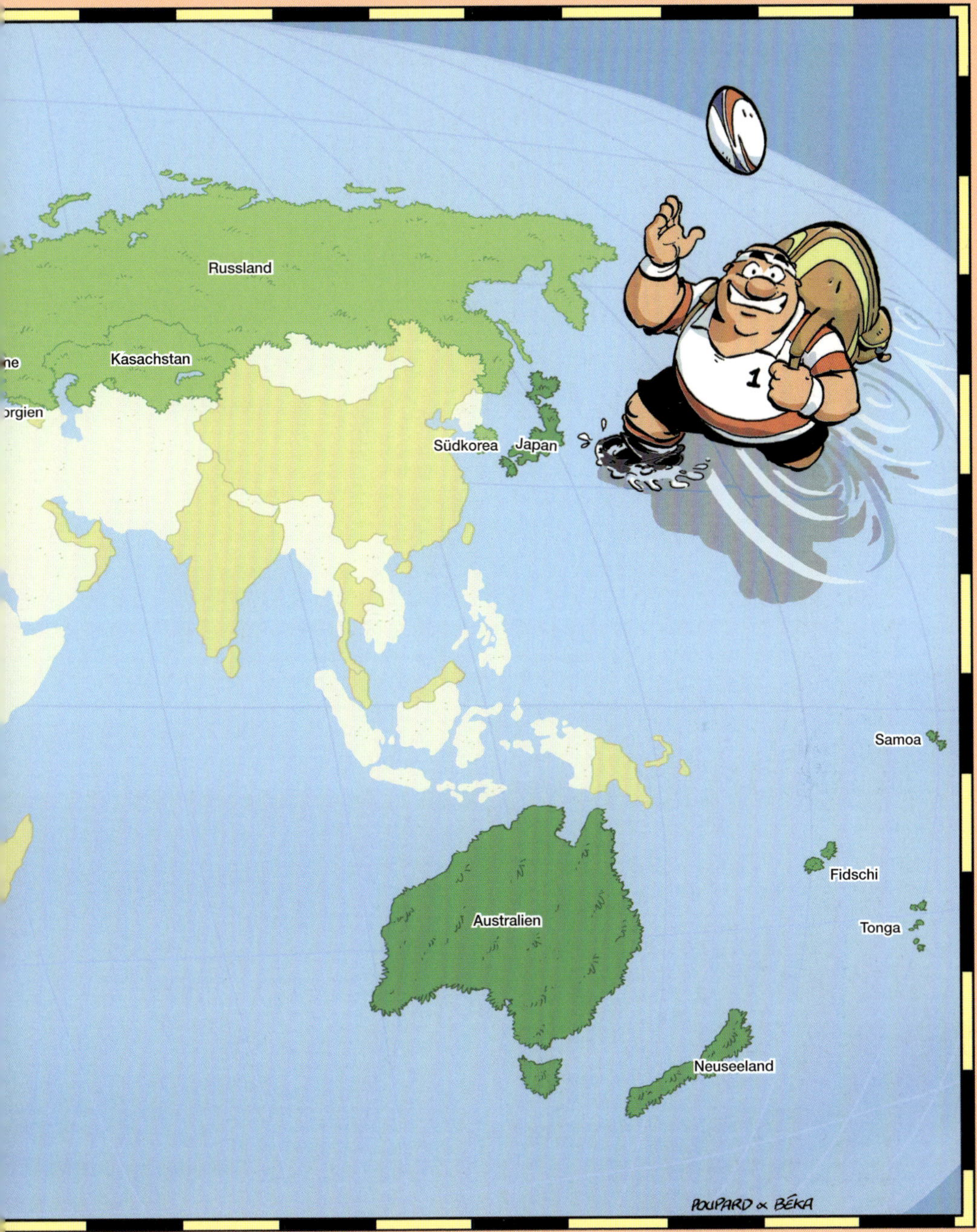

Russland
Kasachstan
ne
orgien
Südkorea
Japan
1
Samoa
Fidschi
Tonga
Australien
Neuseeland
POUPARD & BÉKA

DIE EMBLEME DER BEDEUTENDSTEN TEAMS

Hahn
(Frankreich)

Rose
(England)

Distel
(Schottland)

Straussenfeder
(Wales)

Kleeblatt
(Irland)

Lorbeerkranz
(Italien)

Eichenblatt
(Rumänien)

Ahornblatt
(Kanada)

Adler
(USA)

Roter Ball
(Portugal)

Springbock
(Südafrika)

Silberfarn
(Neuseeland)

Wallaby
(Australien)

Jaguar
(Argentinien)

Kreuz des Südens
(Samoa)

Taube
(Tonga)

Palme
(Fidschi)

Kirschblüte
(Japan)

Ewigkeitsrad
(Georgien)

Schreiseeadler
(Namibia)

DIE GROSSEN INTERNATIONA-LEN WETTBEWERBE

Six-Nations-Turnier

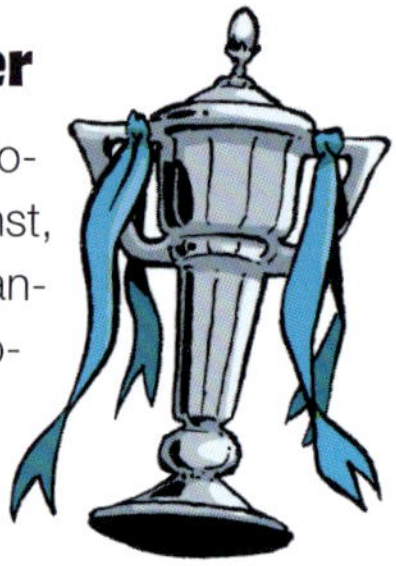

Es ist das älteste internationale Rugby-Turnier. Zunächst, in den 1880er-Jahren, standen sich hier nur die Nationalmannschaften dieser vier Länder gegenüber: England, Schottland, Irland und Wales. Frankreich stieß im Jahr 1910 dazu, Italien im Jahr 2000. Seitdem spricht man vom »Six-Nations-Turnier«.

Das Turnier findet jedes Jahr im Februar und März statt. Jeder spielt gegen jeden, wobei das Heimrecht jährlich wechselt. Der Gewinner des Turniers erhält die von acht Londoner Silberschmieden aus Sterlingsilber im Wert von 55 000 Pfund bestehende Championship Trophy. Nicht mit einer Trophäe verbunden, aber äußerst prestigewürdig ist es, wenn eine Mannschaft während des Turniers alle anderen schlägt. Das nennt man »Grand Slam«.

Seit dem Jahr 2001 bestreiten auch die Damen ihr eigenes Six-Nations-Turnier, seit 2008 gibt es eine U-20-Variante. Die Six Nations B (oder Rugby Europe Championship) umfasst die sechs Länder Georgien, Rumänien, Russland, Spanien, Belgien und Deutschland (Stand: 2019).

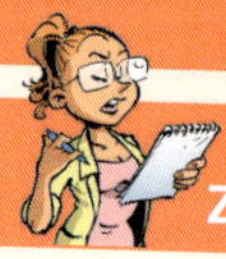

Zusatzinfo

Andere Trophäen des Six-Nations-Turniers

Neben der Trophäe für den Sieger gibt es weitere Ehrenpreise, die während des Turniers verliehen werden:

- *Der Sieger des Spiels zwischen England und Schottland erhält den* ***Calcutta Cup****.*
- *Gewinnt eine britische oder die irische Mannschaft gegen die anderen drei »home nations« (England, Schottland, Irland und Wales), so wird ihr die* ***Triple Crown*** *verliehen.*
- *Der Gewinner des Spiels England gegen Irland erhält die* ***Millenium Trophy****.*
- *An den Sieger des »Crunch«, des Spiels Frankreich gegen England, geht die* ***Eurostart-Trophäe****.*
- *Zwischen Schottland und Irland wird die* ***Centenary Quaich*** *ausgetragen.*
- *Die in den britischen Medien auch* ***Continental Cup*** *genannte* ***Giuseppe-Garibaldi-Trophäe*** *honoriert den Gewinner der Begegnung Frankreich-Italien.*

Europapokal

Ihn gibt es offiziell seit dem Jahr 1995. Dazu gehören zwei Wettbewerbe:

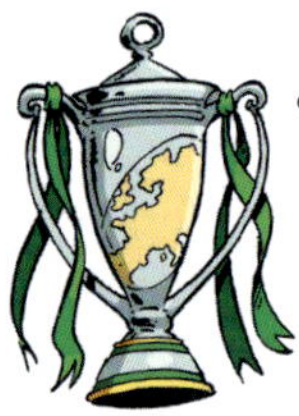

- Im European Rugby Champions Cup stehen sich die besten englischen, schottischen, französischen, irischen, italienischen und walisischen Clubs gegenüber.

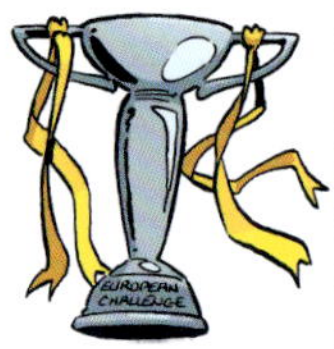

- Der European Rugby Challenge Cup wird zwischen den anderen Clubs dieser Länder zuzüglich Clubs aus dem Continental Shield (2019/2020: Enisei-STM und Rugby Calvisano) ausgespielt.

The Rugby Championship

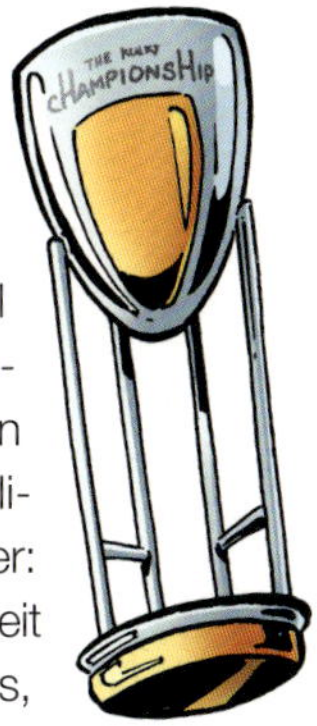

In diesem seit dem Jahr 1996 jährlich (bis 2011 unter dem Titel »Tri Nations«) stattfindenden Wettbewerb spielen die vier besten Nationalmannschaften der südlichen Hemisphäre gegeneinander: die argentinischen Pumas (seit 2012), die australischen Wallabies, die neuseeländischen All Blacks und die südafrikanischen Springboks. Wie beim Six- Nations-Turnier werden weitere Trophäen vergeben: **Bledisloe Cup** (Australien/Neuseeland), **Freedom Cup** (Südafrika/Neuseeland), **Mandela Challenge Plate** (Australien/Südafrika), **Puma Trophy** (Argentinien/Australien).

Super Rugby

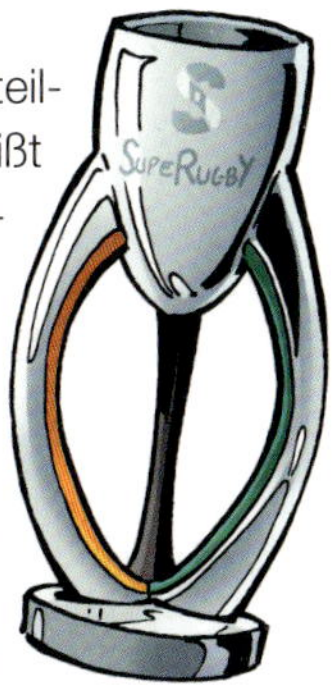

Nach der Erweiterung auf 15 teilnehmende Mannschaften heißt der um die Mitte der 1990er-Jahre zunächst als »Super 12« gegründete, dann in »Super 14« umbenannte und erweiterte Wettbewerb nun »Super Rugby«. Seit 2016 nehmen daran jeweils fünf australische, fünf neuseeländische und sechs südafrikanische Manschaften sowie je eine argentinische und eine japanische Mannschaft teil. Organisiert wird diese jährlich von Mitte Februar bis Anfang Juli stattfindende Super- Rugbymeisterschaft von einem 1996 gegründeten Konsortium (SANZAR), das sich aus den Verbänden der beteiligten Länder zusammensetzt und auch für die Organisation der Rugby Championship verantwortlich ist.

Weltmeisterschaft

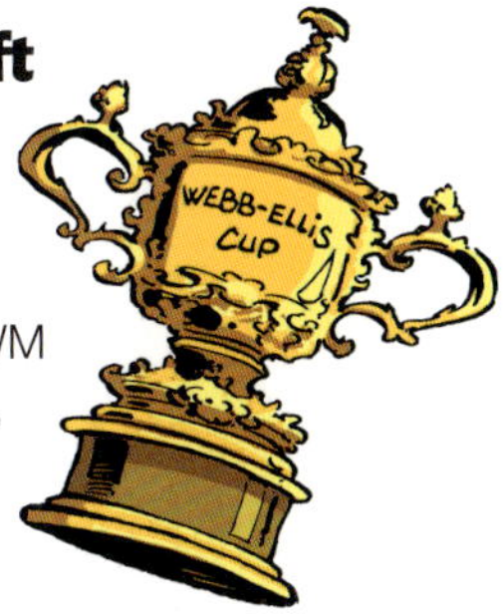

Die erstmals im Jahr 1987 ausgetragene und seitdem alle vier Jahre stattfindende Rugby-Union-WM wird vom Weltverband, World Rugby (WR), veranstaltet. Der Sieger des Turniers erhält die nach dem legendären Erfinder dieses Sports benannte William Webb Ellis Trophy. Das Austragungsland wird durch geheime Wahl der Mitglieder des WR mindestens vier Jahre vor dem jeweils nächsten Wettbewerb, bestimmt. Die WM 2015 in England gewannen die Neuseeländer, an der Endrunde der zwischen September und November 2019 in Japan ausgetragenen WM nehmen 20 Nationalmannschaften teil. Für das Turnier werden diese in vier Gruppen à fünf Mannschaften eingeteilt. Innerhalb der Gruppe spielt jeder gegen jeden. Die Teams auf den ersten beiden Plätzen ihrer Gruppe qualifizieren sich für das Viertelfinale (zudem sind die Teams auf den ersten drei Plätzen der Gruppen automatisch für die folgende WM qualifiziert). Im K.-o.-System geht es weiter bis zum Finale. Die Verlierer der beiden Halbfinals spielen im »Kleinen Finale« um Platz drei.

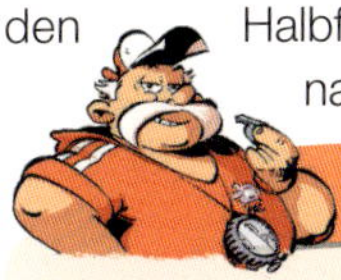

Anekdote

Eine satte Niederlage

Geradezu deklassiert wurde das japanische Team in einem Spiel gegen die All Blacks bei der Weltmeisterschaft im Jahr 1995: 145 zu 17 stand es am Ende für die Neuseeländer – der größte Punkteunterschied in der Geschichte des internationalen Rugbys.

Kultstadien

Weltweit haben Kultstadien Generationen von Spielern und Zuschauern begeistert. Hier listen wir die berühmtesten davon auf:

- **Murrayfield** in Edinburgh, wo die schottische Rugbyhymne »Flowers of Scotland« erklingt.
- **Lansdowne Road** in Dublin, oft eingehüllt von irischem Sprühregen.
- **Le Millenium Stadium** in Cardiff, das Nationalstadion von Wales.
- **Twickenham** in London, dessen Rasenflächen rundherum als Picknickplatz für die englischen Fans dienen.
- **Das Stade de France** im nördlichen Pariser Vorort Saint-Denis, mit Abstand das größte Stadion des Landes.
- **Der Ellis Park** in Johannesburg in Südafrika mit dem Spitznamen »Löwengraben«.
- **Das Stade Australia** (ANZ Stadium) in Sydney, ehemals Olympiastadion.
- **Der Eden Park** in Auckland, das Zuhause der berühmten All Blacks.

Zusatzinfo

Löwen und Barbaren

*Der **Barbarian FC**, meist nur »Barbarians« mit dem Spitznamen »Baa-baas« genannt, sind eine britische Mannschaft, deren Spieler für eine oder mehrere Begegnungen vor allem gegen andere Nationalmannschaften von den Britischen Inseln und aus anderen Gegenden eingeladen werden. Sie spielen traditionell in Schwarz mit weißen Querstreifen, tragen aber die Stutzen ihrer jeweiligen Heimmannschaft. Eingeladen zu werden bedeutet eine große Ehre für den Spieler, der damit automatisch auch Mitglied der Barbarians wird. Anders als der Name vermuten ließe, ist neben dem Können das vorbildliche Verhalten auf dem Platz die Voraussetzung für eine solche Ehrung. Auch in Frankreich und Neuseeland gibt es vergleichbare Auswahlmannschaften. Eine Auswahl der besten englischen, schottischen, irischen und walisischen Spieler versammeln die **British and Irish Lions** die alle vier Jahre durch Südafrika, Australien oder Neuseeland touren. Es ist eine große Ehre für jeden britischen Spieler, in das rote Trikot der Lions schlüpfen zu dürfen und die Rivalitäten des Six-Nations-Turniers im Rahmen der Tournee außen vor zu lassen.*

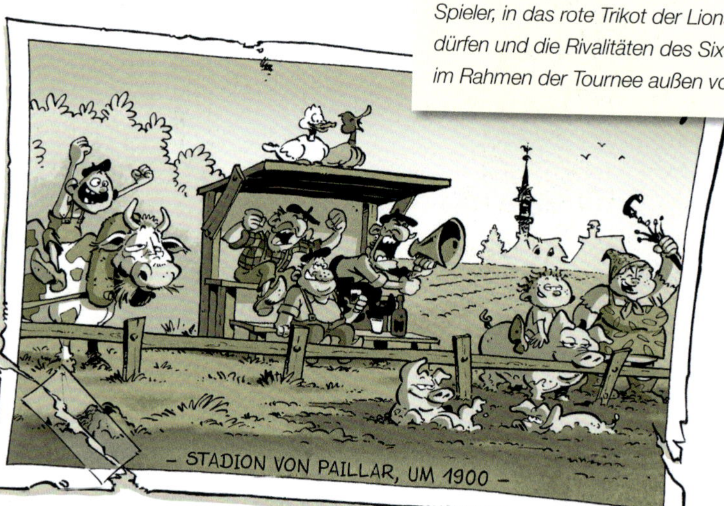

BONUSMATERIAL

DIE SIGNALE DES SCHIEDSRICHTERS

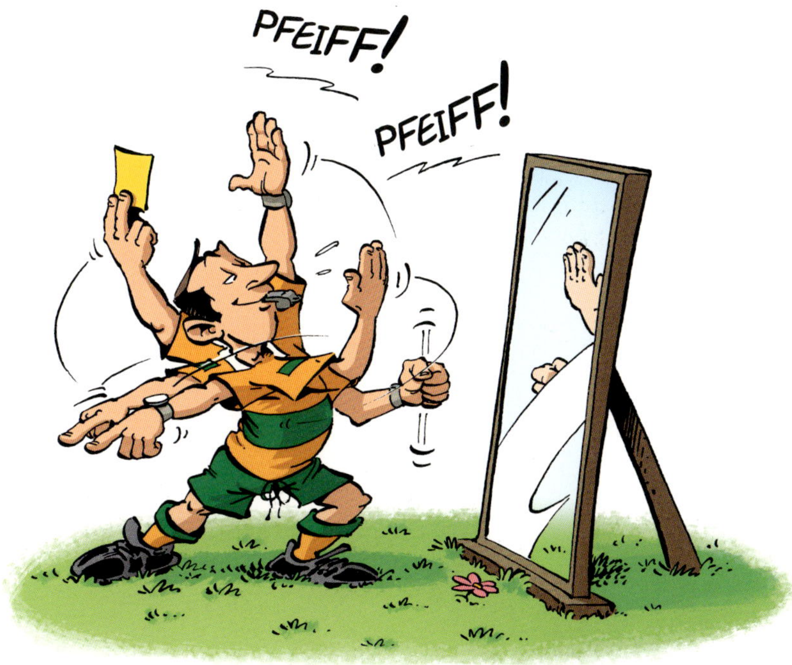

Alle diese Signale sind Gesten des Schiedsrichters, die er während eines Spiels ausführt. Mit ihnen macht er sich bei den Spielern und Zuschauern verständlich. Auf den folgenden Seiten werden diese, nach Themen unterteilt, vorgestellt.

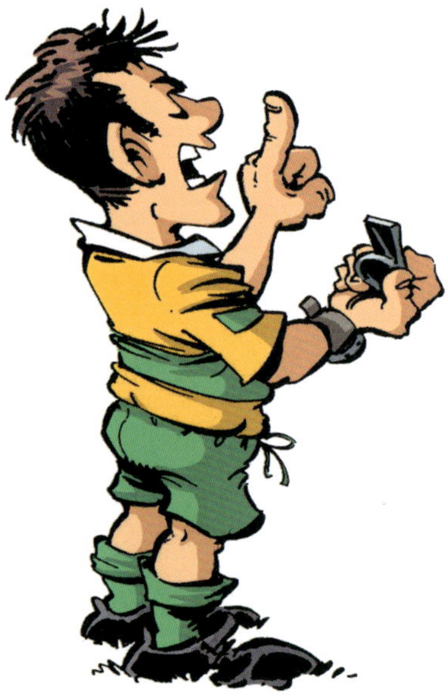

LAUFENDES SPIEL

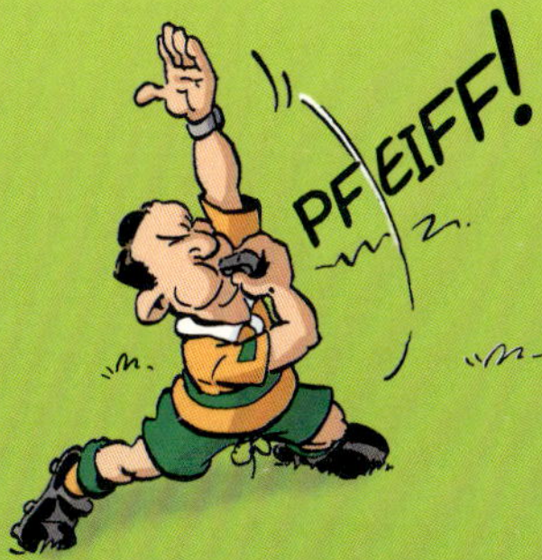

Versuch und Strafversuch

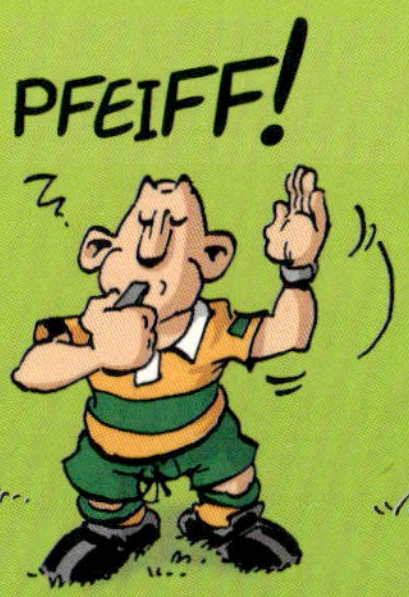

Freitritt

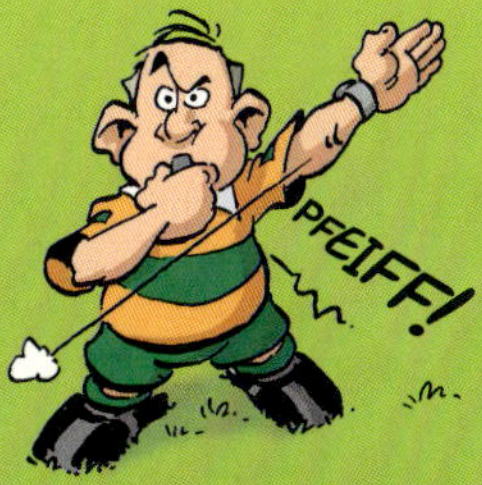

Straftritt

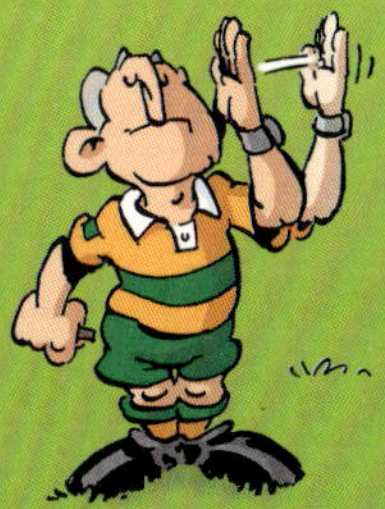

Vorwurf

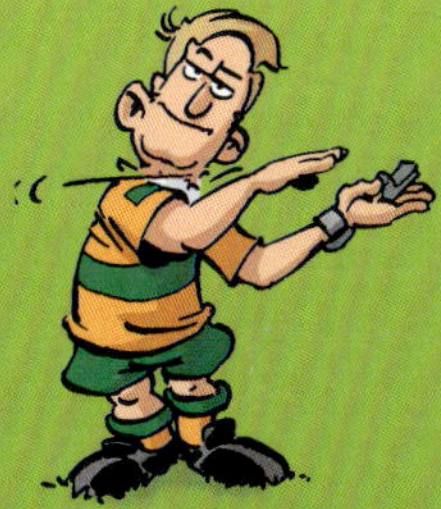

Vorpass

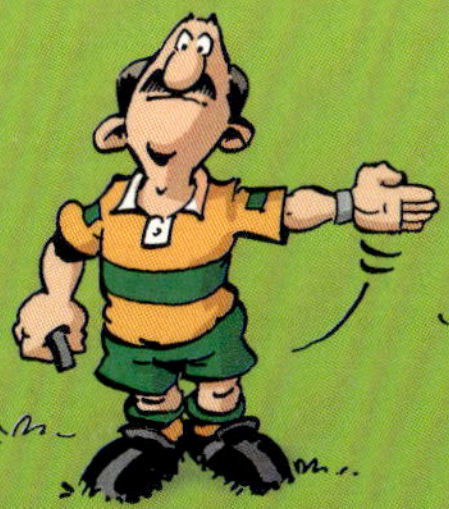

Vorteil
(Der Arm
zeigt die begünstigte
Mannschaft an)

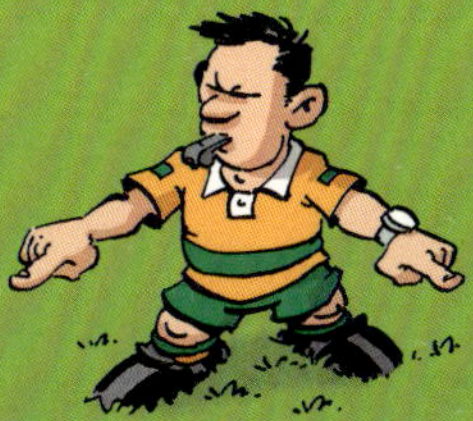

22-m-Antritt

OFFENES GEDRÄNGE ODER PAKET

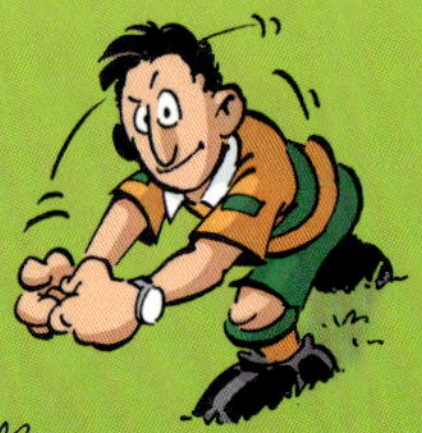

Absichtliches
Zusammenbrechen
eines Pakets

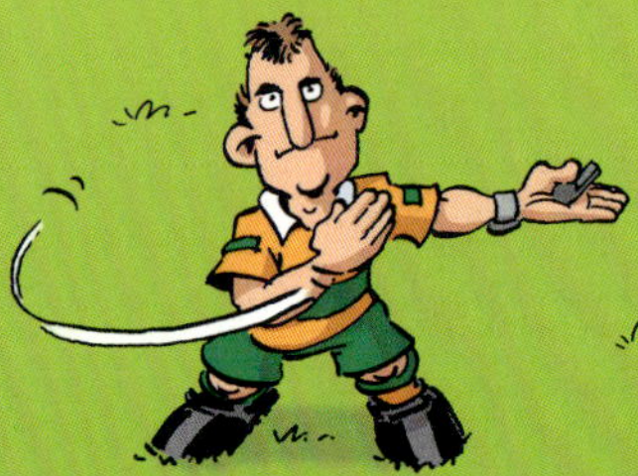

Unbespielbarer
Ball am Paket

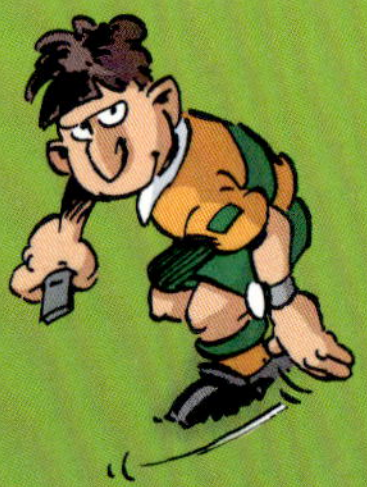

Mit der Hand im
Gedränge oder offenen
Gedränge gespielt

GEDRÄNGE

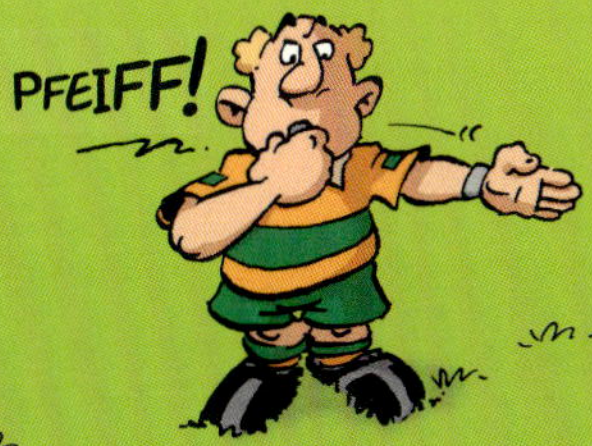

Gedränge

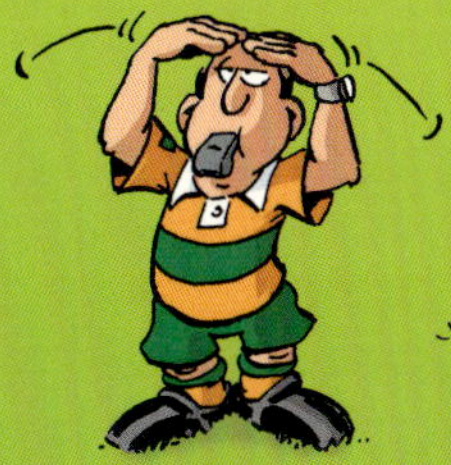

Gedränge bilden

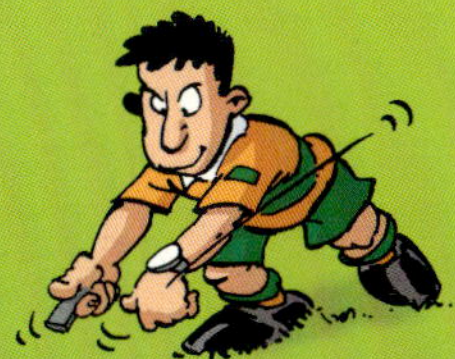

Schiefer Einwurf ins Gedränge

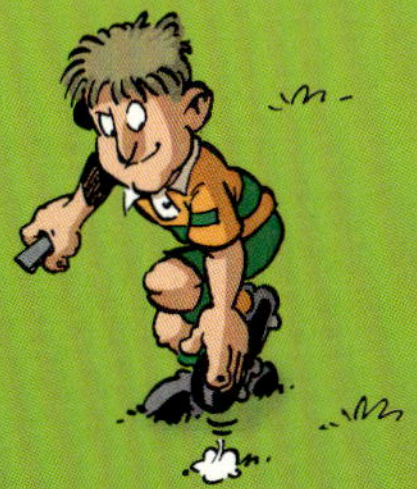

Erste Reihe hebt den Fuß im Gedränge

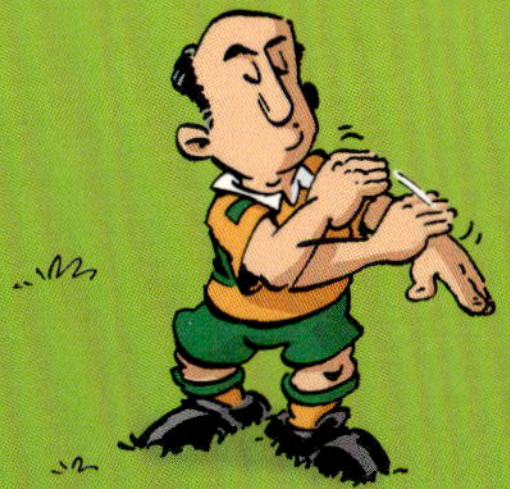

Falsches oder ungenügendes Binden

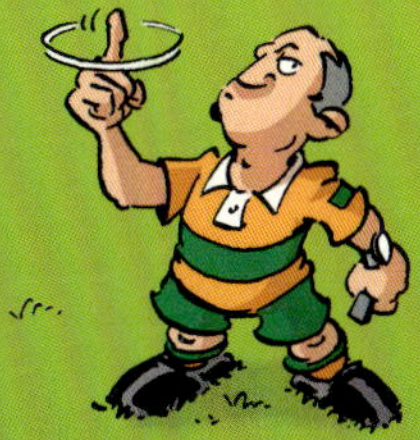

Gedrehtes Gedränge

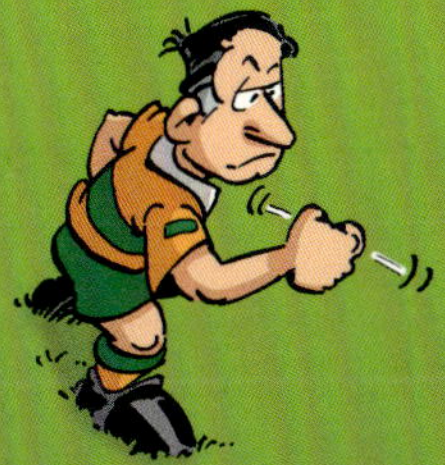

Heranziehen des Gegners im Gedränge

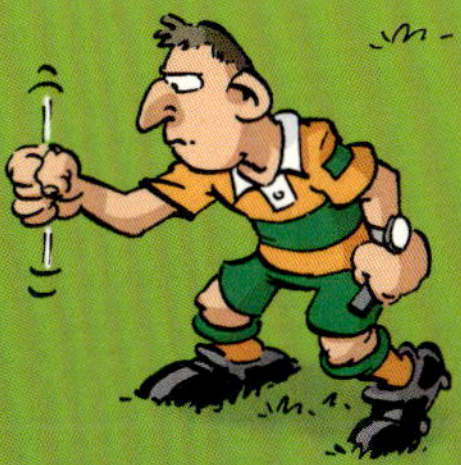

Nach unten ziehen im Gedränge

FOULSPIEL

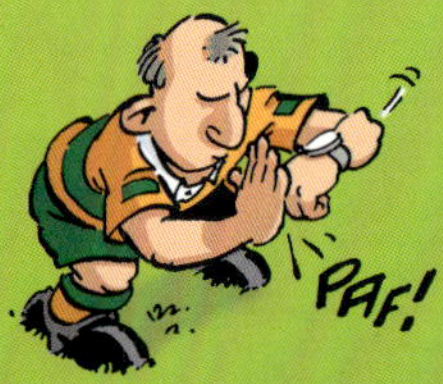

Boxen, Schlagen
(unfaires Spiel)

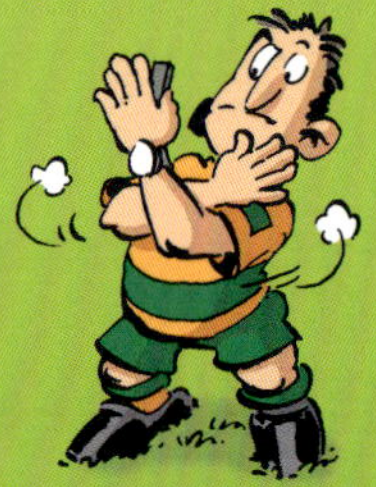

Behinderung im offenen Spiel

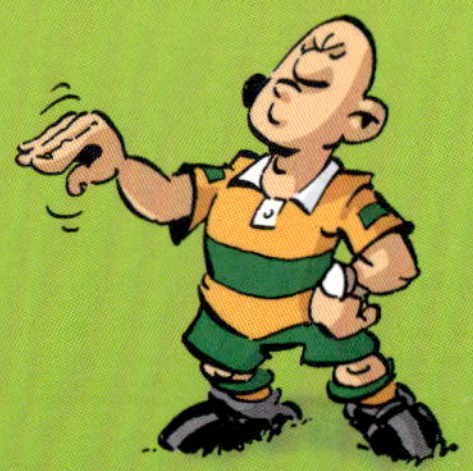

»Meckern«
(Widersprechen einer Schiedsrichter-entscheidung)

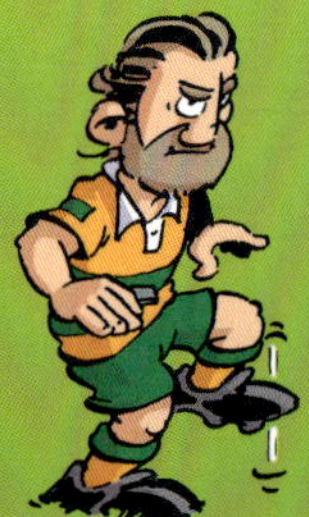

»Stamping«
unzulässiges Trampeln auf einem Spieler)

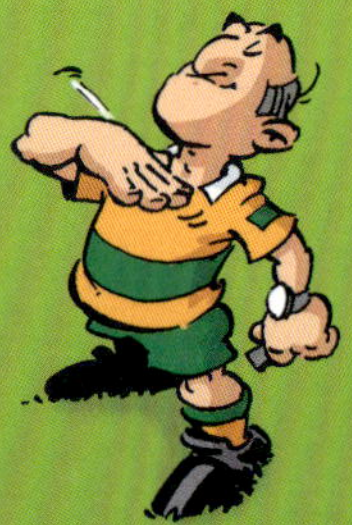

Hohes Halten
(unfaires Spiel)

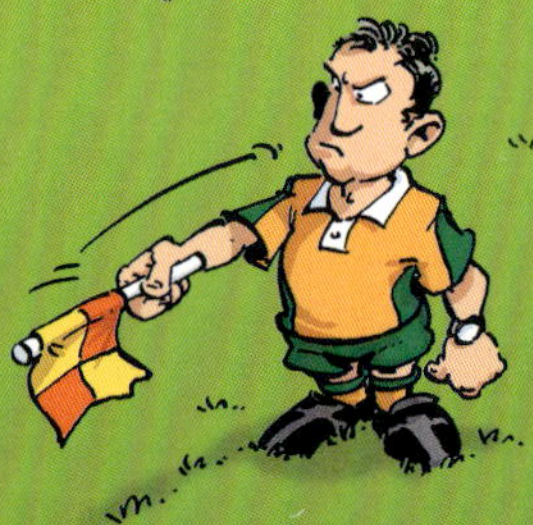

Unfaires Spiel eines Spielers
(angezeigt vom Linienrichter)

TACKELN

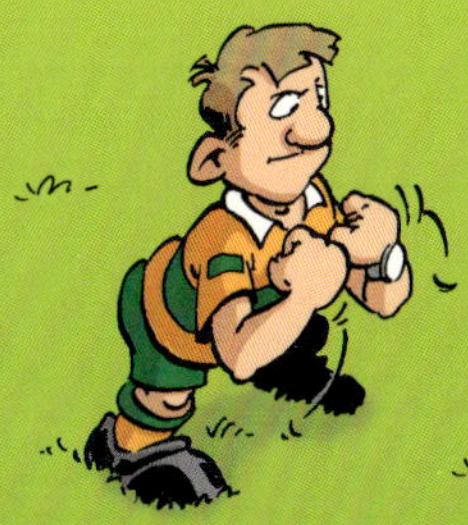

Ball in Tackle-
situation nicht sofort
losgelassen

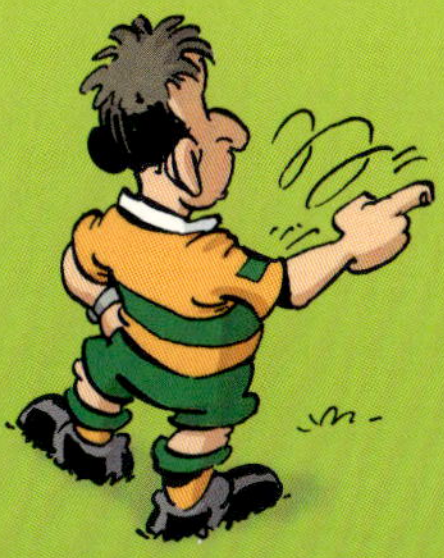

Tackelnder Spieler
rollt nicht weg

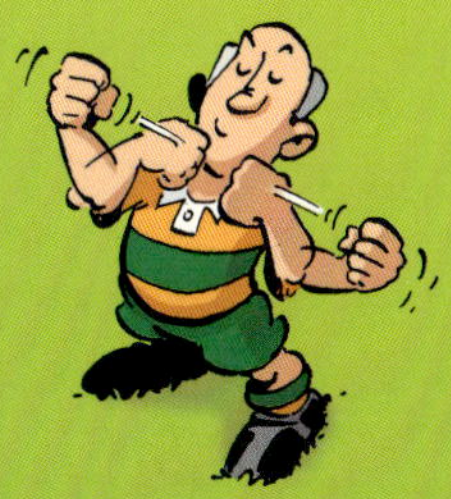

Tackelnder Spieler
lässt Getackelten
nicht los

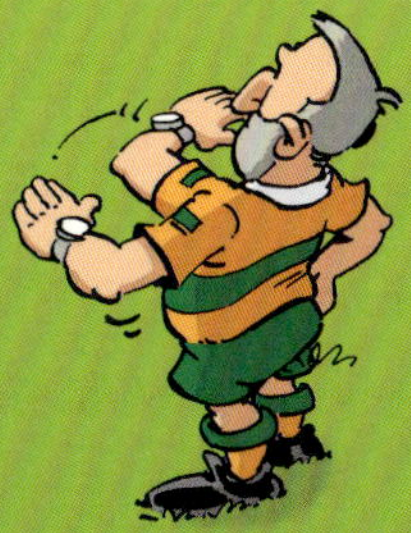

Von der falschen Seite
an die Tacklesituation

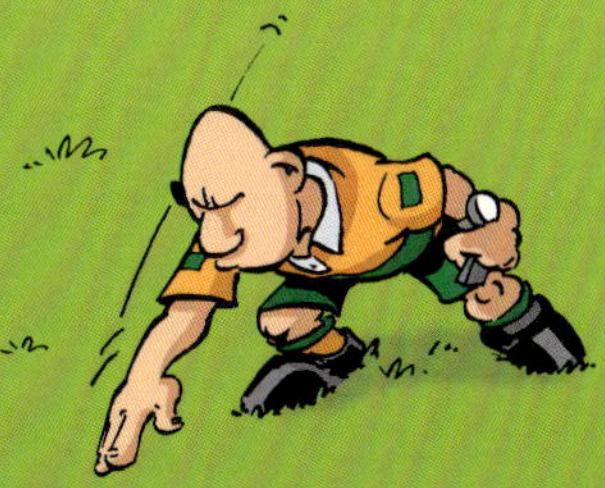

Nahe der Tackle-
situation zu Boden
gehen

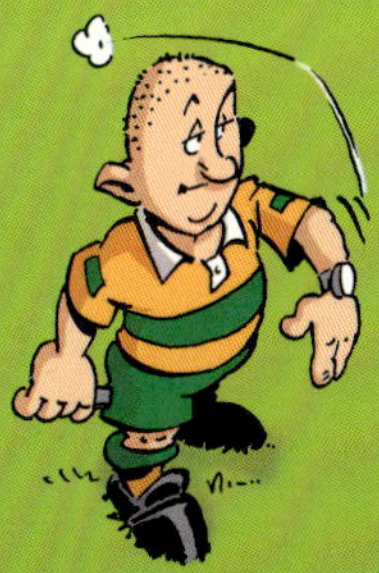

Absichtlich über einen
Spieler werfen

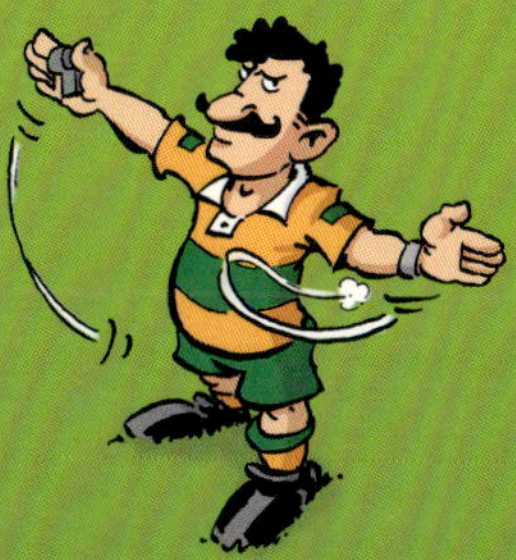

Unspielbarer
Ball

ABSEITS

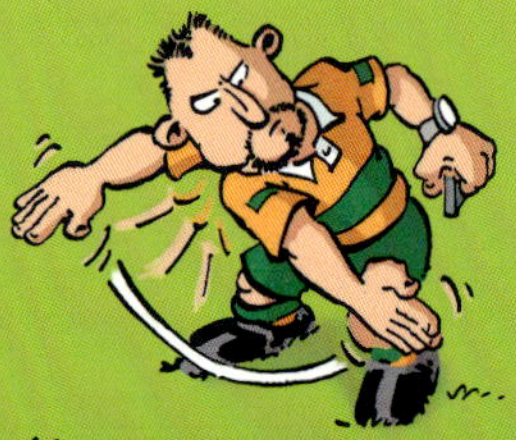

Abseits an der Gasse

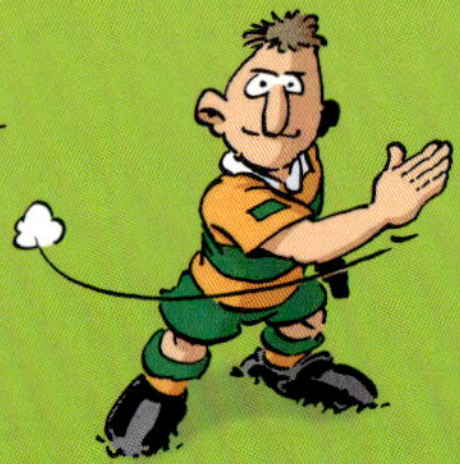

Abseits am offenen Gedränge oder Paket

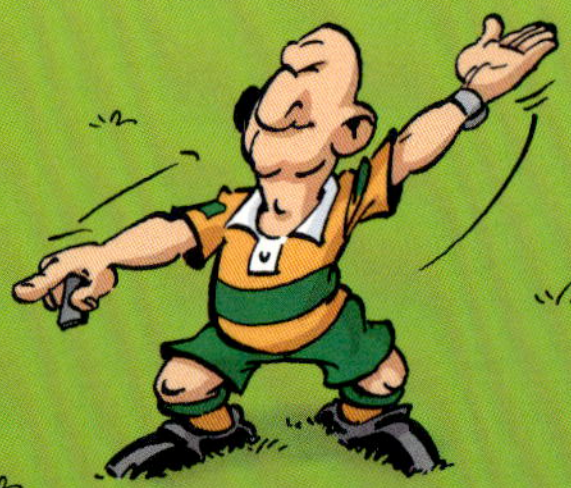

Abseits im offenen Spiel: Wahl zwischen Straftritt oder Gedränge

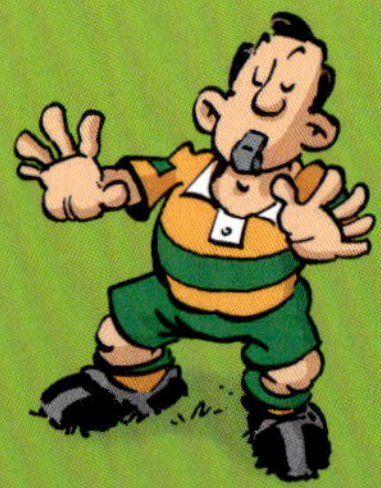

Abseits (10-m-Regel) oder kein 10-m-Abstand bei Straf- oder Freitritt

GASSE

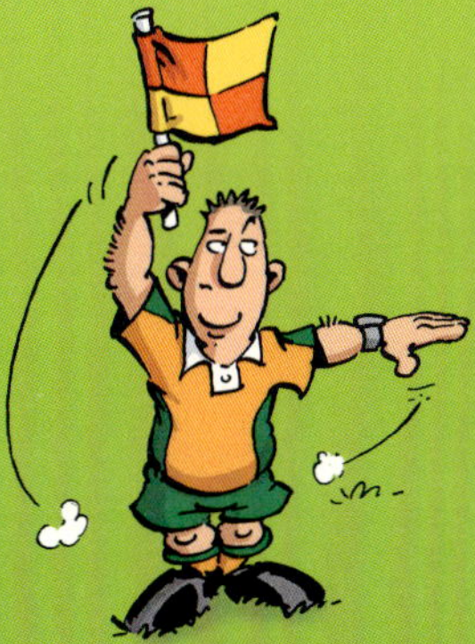

Linienrichter zeigt Mannschaft an, die die Gasse bekommt

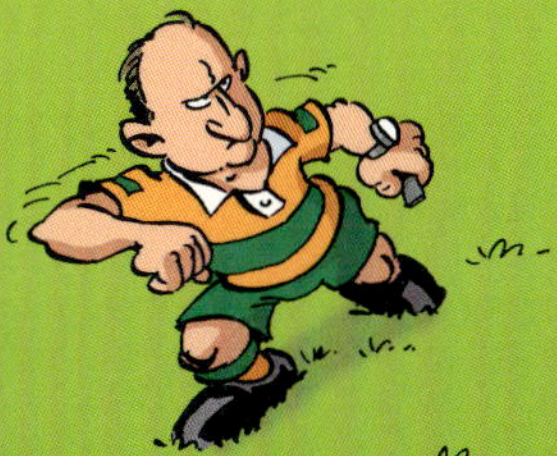

Stoßen an der Gasse

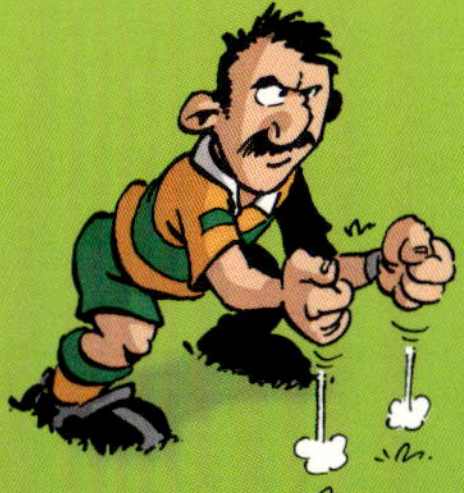

Hochheben (»Lifting«) eines Spielers in der Gasse

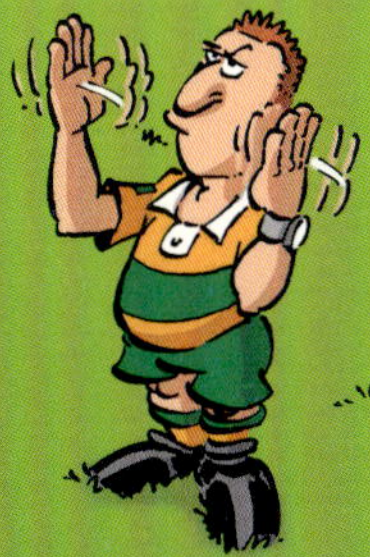

Ungenügender Gassenabstand

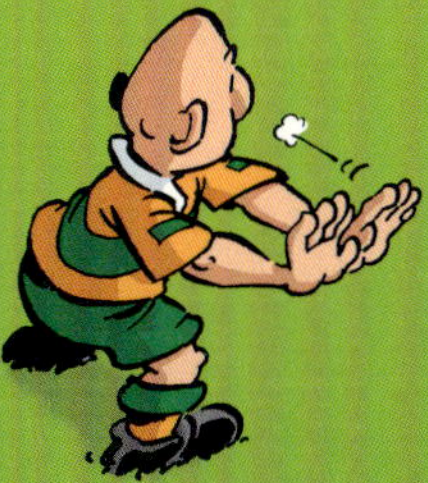

Wegstoßen eines Gegners in der Gasse

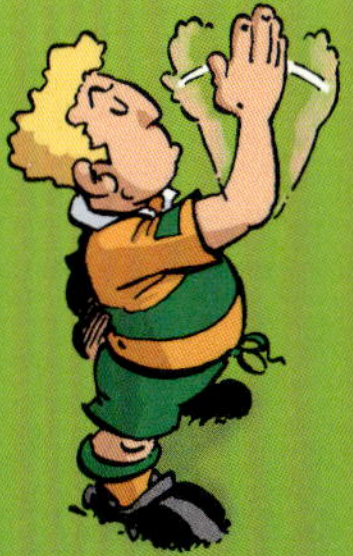

Gasseneinwurf nicht gerade

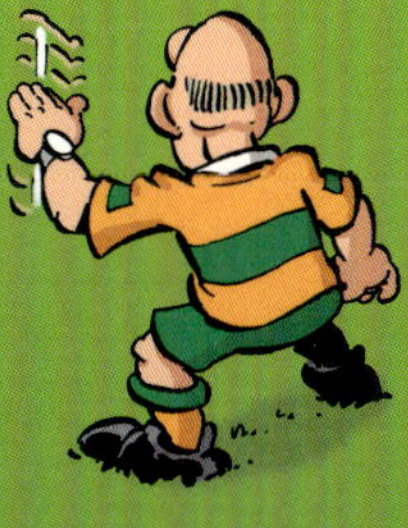

Aufstützen auf einen Spieler in der Gasse

SONDERSIGNALE

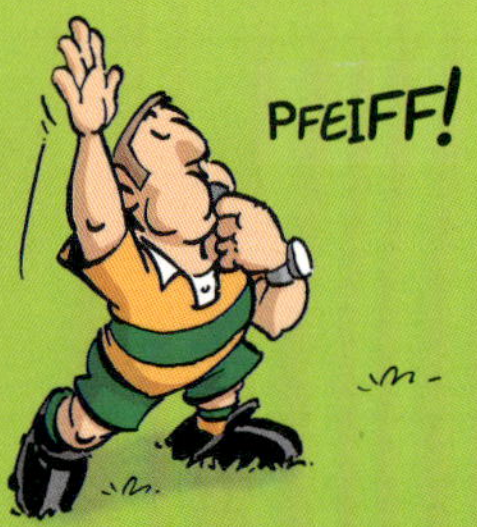

Zeitnahme anhalten/starten

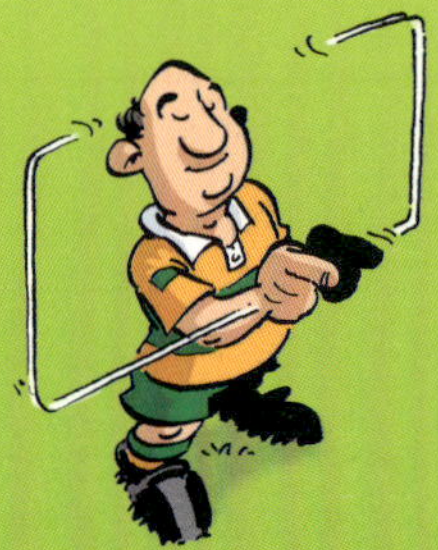

TV- oder Videoschiedsrichter wird benötigt

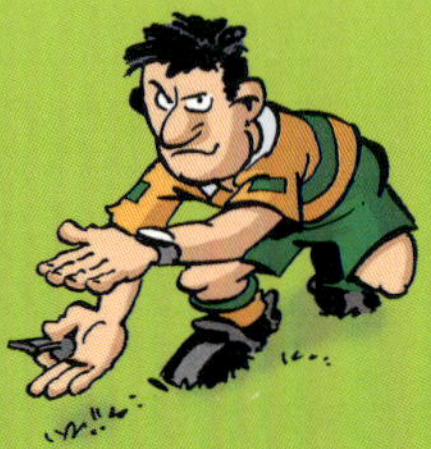

Ball im Malfeld nicht auf dem Boden

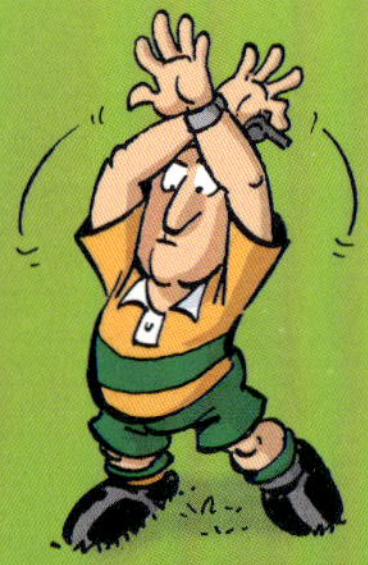

Blutende Wunde

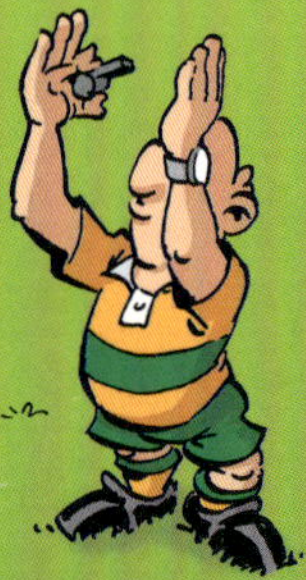

Arzt wird benötigt

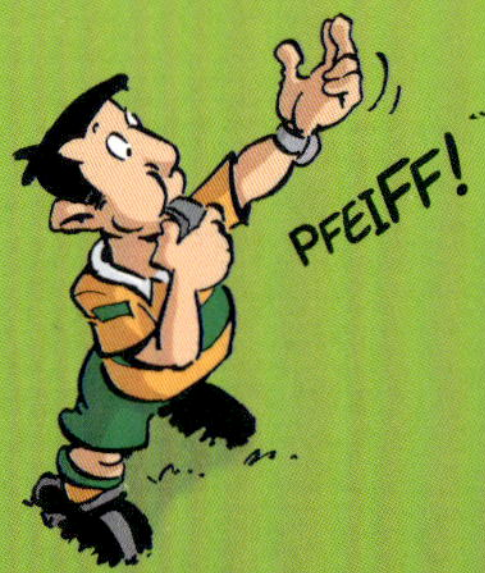

Betreuer wird benötigt

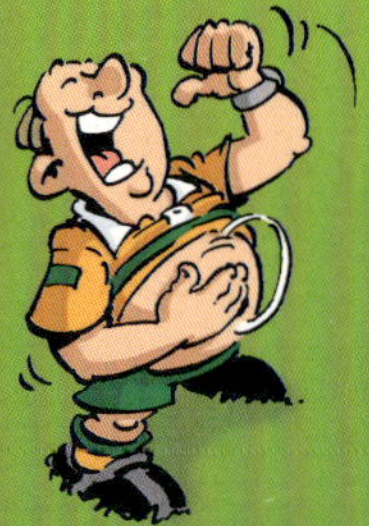

Antritt der dritten Halbzeit
(gut essen und trinken)

REGISTER

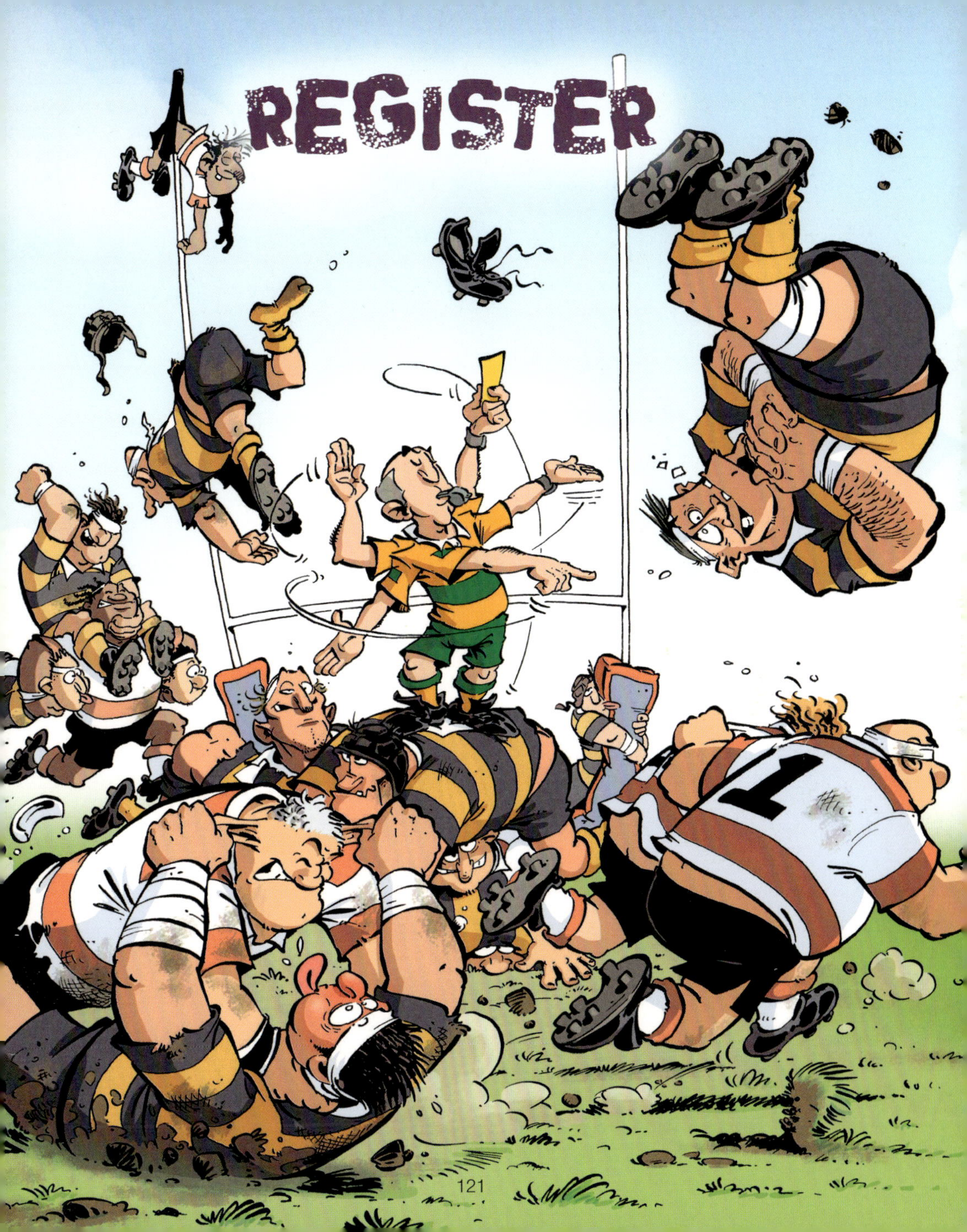

REGISTER

7er-Rugby 12, 28, 94

10-m-Antritt 25, 46, 83

10er-Rugby 94

13-m-Antritt 95

22-m-Antritt 49

A

Abdrängen 91

Abseits .... 81 f., 118

All Blacks 102, 109, 110

Angriffstrategien .... 89 f.

Antritt 31, 32

Anzeigetafel 29

Auflaufen 89, 90

Ausrüstung 12, 30

Aussendreiviertel 15, 19

Auswechselspieler .... 53 f.

Auswechslungen 23, 53

Axiales Spiel 90

B

Ball 12

Barbarians 110

Beach rugby 96

Befreiungskick 92

Behinderung 24, 51, 116

Bogenlampe 40, 46

C

Charta des Spiels 56

Coaching 54

Codes 78

D

Damen 100, 108

Deutsche Rugby-Frauen (DRF) 97

Deutscher Rugby-Verband (DRV) 99

Direkter Angriff 92

Dreiviertel 19, 30, 86, 87, 91

Dritte Halbzeit 58, 120

Dritte Reihe 17, 88

Dritte Verteidigungsreihe 88

Dropkick 31, 48

E

Einwurf .... 63, 64, 67, 68, 76 f., 94

Ellis, William Webb 100

Embleme 106, 107

Empfänger 79, 80

Erhöhung 44

REGISTER

Erste Reihe .... 16, 28, 54, 61 f., 67, 87, 115

Erste Verteidigungsreihe 86, 87

Europapokal 108

F

Fans 26

Fixierungspunkt 90

Flanker 17, 64

Frauenrugbyntionalmannschaft 97

Freitritt 47, 60, 113, 118

G

Gasse 8, 74–80, 118, 119

Gedränge ...... 8, 16 f., 32, 60 f., 114, 115, 118

Gedrängehalb 14, 18

Gelbe Karte 52

Geschlossene Seite 92

Getragener Ball 72

Gleitende Verteidigung 88

H

Haka 102

Hakenschlagen 91

Hakler 14, 16, 20, 60, 61, 64

Halbspieler 15, 18

Halbzeit 28, 55

Halbzeitpause 55

Handauf 32, 43, 49

Handicap, Menschen mit 96

Hintermannschaft 19, 64, 66

I

International Rugby Board (IRB) 12

J

Joch 22

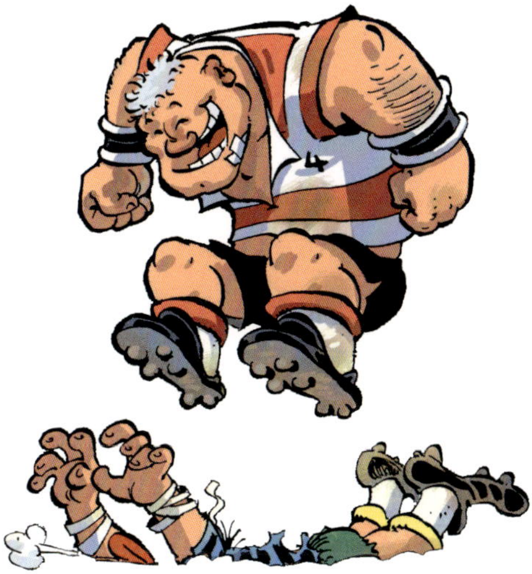

REGISTER

K

KEHRTWENDE 91

KICKEN 20, 21, 40, 92

KÖRPERTÄUSCHUNG 91

L

LIFTER 78, 79, 80

LIFTING 78, 119

LINIEN 8

LINIENRICHTER 23, 30, 119

LIONS 110

LNR 98

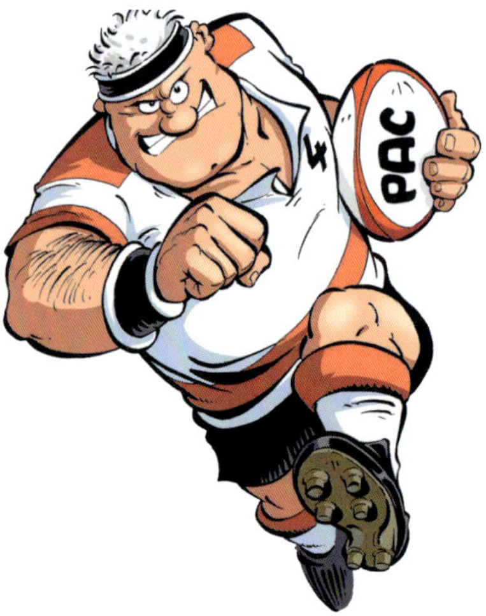

M

MALFELD 9, 10, 32, 41, 43, 48, 50, 73, 120

MALFELDLINIENRICHTER 23

MARKE 48, 50

O

OFFENES GEDRÄNGE 39, 70

P

PAKET 72, 73

PÄSSE .... 33 f.

PICK AND GO 91

PFEILER 14, 16

PLATZ (SPIELFELD) 8, 10, 30

PLATZWART 8, 66

PRESSING 86, 87

PRO D2 (FRANZÖSISCHE SPIELKLASSE) 98, 99

PUMAS 102, 109

PUNKTE 18, 28, 29

R

REGELN, REGELWERK (DES DRV) 56

ROLLSTUHLRUGBY 96

REGISTER

Rote Karte 52

Ruck 70

Rucking 71

Rugby League 95

Rugby Union 12, 14, 53

Rugbynationen .... 101 f.

S

Schiedsrichter .... 15, 23, 54 f., 111 f.

Schiedsrichtervereinigung (SDRV) im Deutschen Rugby-Verband (DRV) 56, 99

Seitenaus .... 74 f.

Seitenverkehrte Verteidigung 88

Six Nations 111

Six-Nations-Turnier 101, 108

Spielbereich 10, 11, 77

Spielfeld .... 10, 21 f.

Spitznamen 102

Springboks 102

Sprungtritt 18, 40, 48

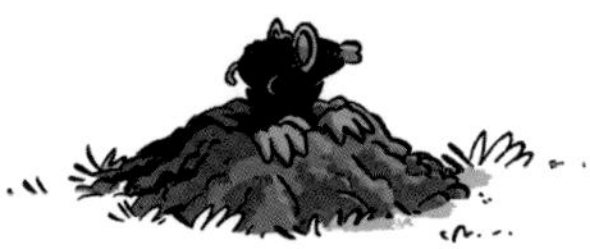

Stadien 110

Stollen 12, 13

Straftritt 46

Strategien (Verteidigung, Angriff) .... 86 f.

Strategieänderungen 88

Stürmer 14, 16

Super Rugby 109

T

Tackeln .... 38 f., 117

Tee 45

Testspiel 101

Touch rugby 95

Trainer .... 20 f.

Training .... 21 f.

Trophäen .... 108 f.

Tunnel 62, 63

U

Überzahl 66, 88, 90

Umlaufen 89, 91

Unfaires Spiel 51, 116

REGISTER

V

VERBINDUNGSHALB 15, 18

VERTEIDIGUNG .... 86 f.

VERLÄNGERUNG 28, 94

VERSUCH .... 9, 29, 42 f.

VIDEO (ODER TV) 24, 52, 120

VIDEOSCHIEDSRICHTER 23, 24

VORPASS 33

VORTEIL 67, 69, 84

W

WALLABIES 102, 109

WELTMEISTERSCHAFT .. 94, 96, 97, 100, 101, 109

WETTBEWERBE, INTERNATIONALE .... 108 f.

WIEDERAUFNAHME DES SPIELS 45, 60, 96

WILLIAM WEBB ELLIS 100, 109

WORLD RUGBY (WR) 12, 56, 99, 103, 109

Z

ZWEITE REIHE 14, 16

ZWEITE VERTEIDIGUNGSREIHE 87

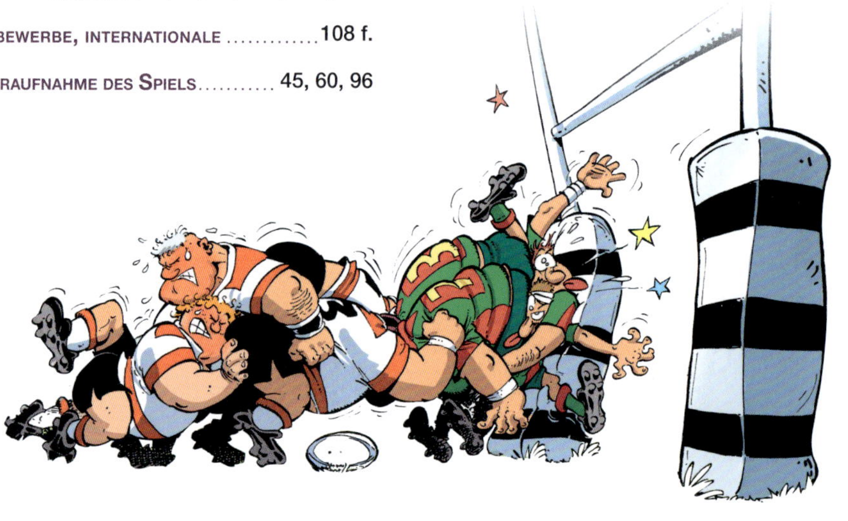

Hinweis: Die deutsche Version des Regelwerks kann auf der Website des DRV unter folgendem Link heruntergeladen werden: https://laws.worldrugby.org/de

Bitte beachten Sie auch den Hinweis des DRV, wonach in Zweifelsfällen jeweils der im Handbuch des World Rugby veröffentlichte englische Originaltext ausschlaggebend ist.

First published in 2017 by BAMBOO ÉDITION, CHARNAY-LÈS-MÂCON

Titel der Originalausgabe: Les Rugbymen présentent Le Rugby et ses Règles. En collaboration avec Joël Jutge

Bibliografische Information der Deutschen Nationalbibliothek
Die Deutsche Nationalbibliothek verzeichnet diese Publikation in der Deutschen Nationalbibliografie; detaillierte bibliografische Daten sind im Internet http://dnb.dnb.de abrufbar.

3. durchgesehene Auflage 2023

Übersetzung aus dem Französischen: Julia Hellmann

Satz und Redaktion der deutschen Ausgabe: Verlags- und Redaktionsbüro München, www.vrb-muenchen.de

ISBN 978-3-7679-1206-9
Druck: Neografia, Slowakei

www.copress.de